信長の城・秀吉の城

聚楽第図屛風〔部分〕（三井記念美術館蔵）

大坂城図屛風〔部分〕（大阪城天守閣蔵）

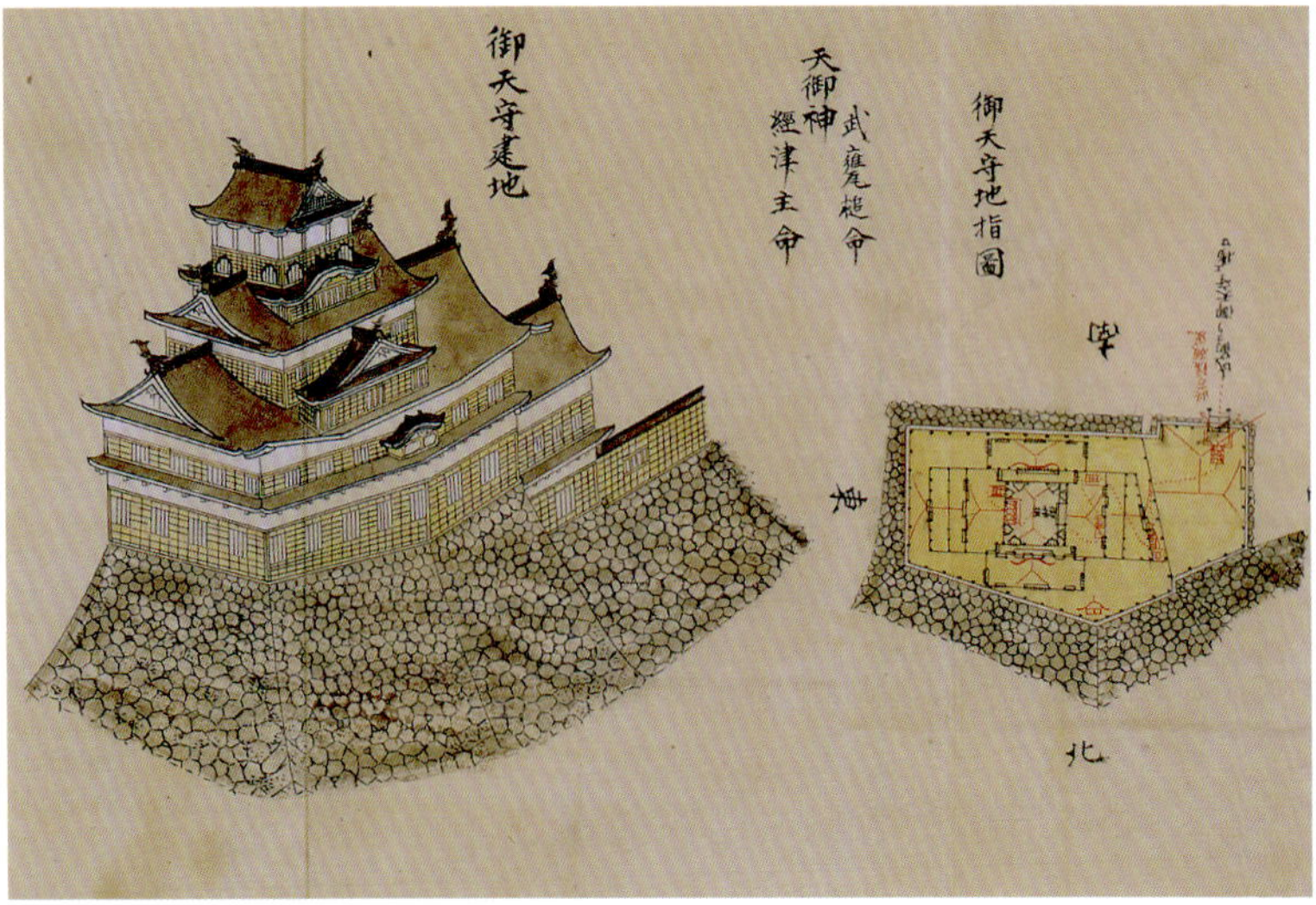

牙城郭櫓実測図〔部分〕（岡山大学附属図書館蔵）

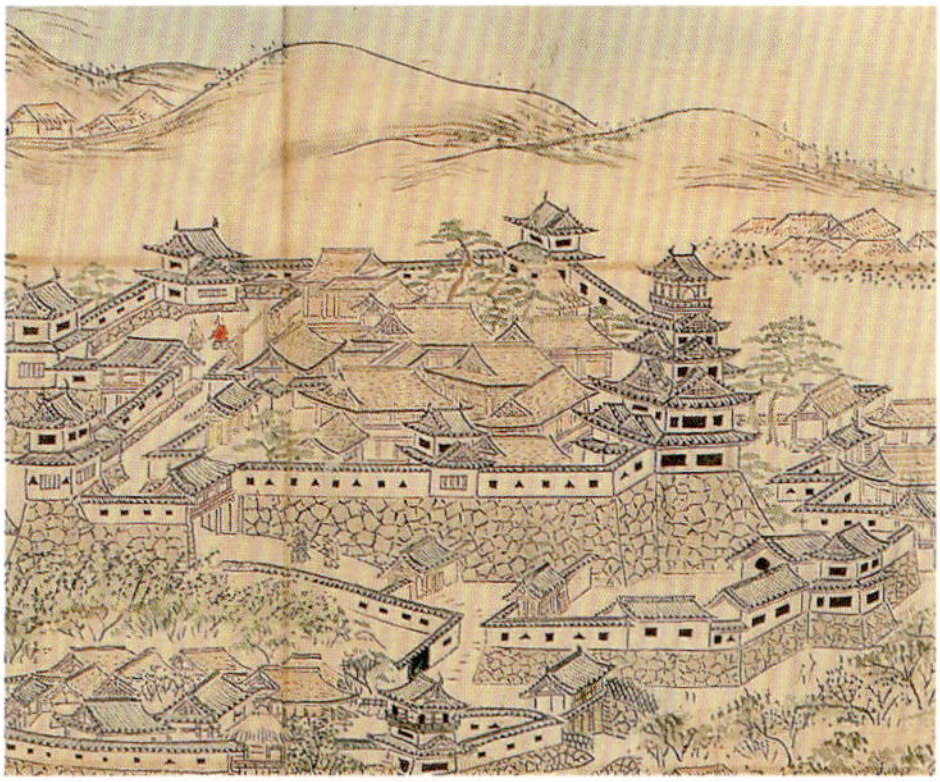

肥前名護屋城図屏風〔部分〕
（佐賀県立名護屋城博物館蔵）

江戸図屏風〔部分〕（国立歴史民俗博物館蔵）

安土城跡搦手道湖辺部出土
金箔瓦
（滋賀県教育委員会蔵）

聚楽第跡出土金箔瓦（京都府教育委員会蔵）

大坂城跡出土金箔瓦（㈶大阪市文化財協会保管）

伏見城跡出土金箔瓦（京都市考古資料館蔵）
1 金箔軒丸瓦　2 金箔三巴文軒丸瓦　3 金箔唐草文軒平瓦
4 金箔菊文飾瓦　5 金箔剣花菱文方形板状飾瓦　6 金箔飾瓦破片

安土城跡石垣
（滋賀県安土城郭調査研究所提供）

豊臣時代大坂城跡本丸詰の丸の埋められた石垣
（大阪市文化財協会提供）

肥前名護屋城跡本丸の埋められた石垣
（佐賀県立名護屋城博物館提供）

『楽只堂年禄』第173巻　甲府城絵図（柳沢文庫蔵）

甲府城跡稲荷曲輪跡出土鬼瓦
（山梨県立考古博物館蔵）

甲府城跡出土金箔朱付飾瓦　獅子留蓋
（山梨県立考古博物館蔵）

麦島城跡出土建築部材（八代市教育委員会提供）

発刊にあたって

織田信長や豊臣秀吉によって築かれた安土城・大坂城・聚楽第などの城は、それまでの城とは異なる画期的な構造から「織豊系城郭」と呼ばれています。それは、高い石垣をめぐらした縄張りや礎石を使用した瓦葺きの建物、そして本丸に高くそびえる天主・天守などで構成されていました。

これら、新しいかたちの織豊系城郭は、天下統一事業の進展とともに日本全国へ広まり、各地でその威容を誇示するようになります。見慣れない高石垣や天守を仰ぎ見た人々は、そこから長い戦乱の終息と新しい権威の登場を実感したのでしょう。

平成十八年度の秋季特別展は、今も全国各地に残る近世城郭の祖形となった織豊系城郭の成立と展開を、安土城・大坂城・聚楽第はもとより、近年調査が進む各地の織豊系城郭の出土資料を中心にして、文献資料・美術資料などを織り交ぜた展示を行いました。また関連企画として、記念シンポジウム「信長の城・秀吉の城」や八代市麦島城跡・甲府市甲府城跡の調査報告も実施しました。

いずれも、織豊系城郭研究の最新成果の発表であり、多くの方々の参加をいただき、好評を博しました。当館では、こうした成果をご参加いただいた方だけでなく、広く知っていただきたく、当日の記録を、『信長の城・秀吉の城』として刊行する運びとなりました。本書が、城郭研究や文化財保護の一助となれば幸いであります。

最後になりましたが、本書作成に際しましても、格別のご協力を賜りました講師の先生方をはじめ、関係機関・各位に厚く御礼申し上げますとともに、本書の編集・刊行に尽力いただいたサンライズ出版にお礼を申し上げます。

平成十九年三月

滋賀県立安土城考古博物館

目次

〔凡　例〕

●本書は、滋賀県立安土城考古博物館平成十八年度秋季特別展「信長の城・秀吉の城—織豊系城郭の成立と展開—」の記念シンポジウムおよび開催期間中に行われた博物館講座の記録集である。第一部と第二部は、平成十八年十月十五日㈰に開催した記念シンポジウム「信長の城・秀吉の城」の、第三部は、同年十月二十九日の「博物館講座　熊本県麦島城跡の調査」および十一月三日の「博物館講座　山梨県甲府城跡の調査」の記録を編集したものである。

●本書の作成にあたっては、中井　均・乗岡　実・加藤理文・木戸雅寿・宮里　学・山内淳司の各氏（掲載順）のご協力を得た。

●掲載写真は、㈶大阪市文化財協会　大阪城天守閣　岡山大学附属図書館　国立歴史民俗博物館　佐賀県立名護屋城博物館　滋賀県教育委員会　三井記念美術館　京都府教育委員会　京都市考古資料館　柳沢文庫　山梨県立考古博物館　八代市教育委員会のご協力を得た。

●報告・講演で提示された写真・図・表については、出典・所蔵を記して本文中に適宜挿入した。

●本書の編集は、滋賀県立安土城考古博物館が行った。

第一部

シンポジウム　信長の城・秀吉の城

シンポジウム「信長の城・秀吉の城」開催にあたって

中井　均

近年の城郭研究の発展には目を見張るものがある。とりわけ考古学からのアプローチは具体的な城館構造を明らかにした。これまでの城郭のイメージは天守閣、石垣、水堀といったものだったのではないだろうか。そうした姿があたかも戦国時代から存在していたとさえ思われていた。実は戦国時代の山城は、山を切り盛りして築いた土木施設であった。その「土の城」を一変させたのが、天正四年（一五七六）に織田信長によって築かれた安土城であった。安土城では石垣、瓦、礎石建物という三つの要素が導入され、以後の城郭に多大の影響を与え、豊臣秀吉もこうした築城技術を忠実に受け継いだ。このため信長、秀吉とその家臣団に共通する構造を有する城郭を、織豊系城郭と呼んでいる。

今回のシンポジウムでは織豊系城郭が軍事施設から統一政権のシンボルとしての見せる城に変化する状況を石垣、瓦、天主という観点から分析を加えようとするものである。織豊系城郭の概念についてはこれまでの研究成果により市民権を得るようになったが、今回のシンポジウムでは織豊の「織」と「豊」による築城の相違点や、さらには「戦国」と「織」の相違について議論できることに主眼を置いた。石垣については技術論だけではなく、安土城に先行する地域の存在と、その特徴について分析をおこなおうとするものである。瓦については特に金箔瓦に着目し、その使用に規制の存在すること、特に信長段階と秀吉段階で規制に大きな差の存在したことを明らかにしようとするものである。天主については考古学からはもっとも困難な題材であるが、天主から天守への変遷を分析することによって天下統一から天下静謐へむけての象徴として捉えようとするものである。

こうした三つの要素を分析し、さらに討論の場でこれらを総括することにより、織豊系城郭が決して信長の独創によって出現したものではなく、十六世紀後半の築城技術のうねりのなかから出現したものであることを導き出せればと考えている。つまり、織豊系城郭の出現はこうした十六世紀後半の築城技術の集大成として位置づけできるのである。

ところで、安土城が織豊系城郭の完成形であり、それより以前の信長の城で石垣や瓦が検出されると、安土に先行するだとか、近世城郭のルーツなどと評価されることが往々にしてある。しかし、これらも十六世紀後半の築城のうねりとして捉えるべきであり、「織」も決してひとつを限るものではなく、例えば東海段階と安土段階に分類して検討することも重要であろう。また、秀吉の築城も信長の築城を忠実に踏襲したのではなく、天正十一年（一五八三）の大坂築城は、平野部に築かれた織豊系城郭として、近世城郭へ与えた影響は安土城以上のものであったことを評価すべきであろう。

このように、今回のシンポジウムではこれまでの織豊系城郭研究を総括するとともに、信長と秀吉の築城の相違を検証することを試みるものである。今後の織豊系城郭研究の指針となれば幸いである。

一　近世の城郭の成立と石垣

乗岡　実

ただいま紹介をいただきました、岡山市デジタルミュージアムの乗岡と申します。たいへん、つたない報告ですが、トップバッターを務めさせていただきたいと思います。

僕に与えられておりますテーマは、「近世の城郭の成立と石垣」ということで、石垣から見た信長の城・秀吉の城です。城の石垣は、戦国時代、それから織豊期とまとめて言うことも多い信長・秀吉の時代、そして徳川期へと引き継がれていくなかで、目を見張る変化をして行きます。今日はこの変化の実態と意味について、少し考えてみたいと思います。

石垣の年代決定の難しさ

お城を歩きますと、石垣に出くわすことが多いわけですが、石垣の年代を決めるのが非常に難しいのです。文献資料には、その城がいつ築城され、いつ改造されて、いつ廃城してというよう

写真１　常山城本丸（岡山市・玉野市）

なことが記録されている場合もありますが、それがない場合も多く、また事実は必ずしも資料のとおりではないということもあります。

今日の発表者は全員、考古学の人間ですが、城を歩いて確認できる年代に関する考古資料は、文献資料と一致するものもあれば、合わないものもあるし、資料には出てこない年代のものに出くわすこともあります。

石垣の年代と深く関わるのは瓦の年代です。例えば、岡山県津山市にある荒神山城と、岡山県岡山市・玉野市に跨っている常山城は、いずれも秀吉の準身内大名で岡山城主の宇喜多秀家の家老クラスが配された城です。

荒神山城の本丸には目立った石垣はなく、一部分にだけ低石垣ないしは石組みがあります。いっぽう、常山城（写真１）の石垣は本丸をはじめ主要部にあり、高さは三メートルから四メートルもある立派なものです。

　どちらの城も歩いてみると、大量の瓦が落ちていますが、天正の最終末から文禄年間に焼かれた瓦で、その本城である宇喜多秀家の岡山城の瓦と同じ笵でつくられたものです。つまり、見た目としての城のイメージ、石垣の規模や構造はずいぶん違うのですが、瓦で見る限り、同じ時期に大掛かりな設備投資があったということがわかるのです。そうすると、土台の石垣もみかけによらず両城同時期に積まれた可能性もありますし、荒神山城では建物は瓦が示す新しい年代であるが、土台の低石垣はそれより古い時期に積まれたものであった可能性もあります。城でみられる石垣の年代を特定するのは、なかなか難しいということです。

城の石垣と寺社の石垣

　岡山城は旭川を挟んで北側にあるのが後楽園です。ただし後楽園が築かれたのは江戸中期の初めです。岡山城は前史があり、豊臣五大老の一人になった宇喜多秀家が織豊系城郭として大改修を行い、関ヶ原合戦のあと小早川秀秋、そして池田氏へと城主が引き継がれました。

　その本丸は、岡山市教育委員会が史跡整備を目的に発掘調査をいたしました。発掘で曲輪のど真ん中を掘り下げると、埋没石垣が多彩に出てまいりました。しかも、幾重にもでてくる。新古があるわけです。いっぽうでは文献資料も睨みながら、遺構や遺物に即して整理していくと、宇喜多直家の時からその子どもの秀家が若いころ、つまりおおよそ天正年間、そして続く宇喜多秀家の成年期、文禄年間前後です、さらに慶長年間に入って関ヶ原の合戦を経た小早川秀秋、そして池田氏と、各段階それぞれに異なった城の姿がある、そしてその間は、次々と古い石垣を埋め立てて曲輪を拡幅し、その結果いま見る城の姿ができあがったということが判ったわけです。

そうすると、今日のテーマである石垣についても、全体の相互関係から築かれた順番がわかるし、築かれた時期の見当がつくわけです。

今日はこれを出発点にしながら、およそ西日本限定ですがお城の石垣の変化を探っていこうということです。

ちなみに、城と言えば石垣というイメージをみなさんお持ちだと思うのですが、お城の歴史を紐解けば、日本には古代山城がございます。西暦七世紀代のもので、立派な高石垣を持っています。例えば岡山県総社市にある鬼ノ城では、高さが五メートルを超える石垣があり、出隅もあります。また福岡県行橋市の御所ヶ谷山城（神籠石）では、形の整った切石を積んだ高さ五～七メートルの石垣があります。ただ、この七世紀の山城の石垣はその後に続いて行きません。平安時代や鎌倉時代の城には、どうもこういう高石垣はないようです。古代山城の石垣は、戦国期の山城や織豊系城郭の石垣と直接には繋がらないのです。

次は中世の石垣です。立派な石垣といえば、お寺やお宮さんにあります。山の斜面を削って平坦な境内を造成する場合などに石垣を築きます。

岡山市にある吉備津神社本殿は、比翼入母屋造という屋根の格好が特異な国宝建築です。いま、屋根の修理を行っていますが、史料からみますと、この建物は応永三二年（一四二五）に落成しました。写真2の石垣は、高さが三メートル前後あり、上に乗っているのが亀腹と呼ばれる建物土台です。石垣が築かれて初めて本殿が建つのですから、この石垣は応永三二年かその直前に築かれた石垣だろうと考えられます。一辺一メートルを超える石を使っています。ところが、隅部を見ると算木積みを取っていません。角のところに石を立てて、その横も次も立石です。

十五世紀代には、例えば岡山ではお宮さんでこんな立派な石垣をつくったのですが、後の織豊期の城の石垣とは、ちょっと違うのですね。巨石を使うという点では同じなんですが、角が算木積みになっていないし、立ち上がりの傾斜が非常に急です。

写真2　吉備津神社本殿石垣

それから、中井均さんが論文で紹介されている事例の一つですが、銀閣寺の石垣は高さが二メートル余りあります。これは、後の織豊期の末から徳川期にかけて中心的になる矢穴痕をもつ割石を少数ですが既に含んでいます。

こういう立派な石垣が、先ずお寺やお宮さんに出てくるのはどうも全国的な傾向のようです。

戦国期の城の石垣

写真3　岡山城本丸1期古段階の土塁裾石垣
（岡山市教育委員会提供）

それに対して戦国期の城の石垣はどうでしょう。

第一には、塁線を形成する、軍事的に人を遮断する石垣というよりは、土塁や段斜面の裾に護岸として築かれた戦国時代の城の石垣です。この類の石垣は岡山県下もそうですが、他の地域にも沢山あります。

写真3は岡山城の本丸の一番下層で出てきた石垣で、高さが約七〇センチです。写真のなかで十字に溝が切ってあるのは発掘の便宜のためで見かけは複雑ですが、要はこの石垣は土塁の裾に当ります。曲輪の縁をめぐる土塁があって、その城内側の裾に石垣というか、石組みがあります。これは、宇喜多秀家が天正一八年（一五九〇）以降に近世城郭としての改造工事をする一段階前の姿です。石材は地山で採れる小さな石で、これを垂直に積ん

写真４　天神山城の裾石垣（岡山県和気町）

でいます。巨石と言うには程遠く、人一人が楽々と持って積めるものです。

それから、写真4は宇喜多氏の主君の浦上氏という戦国大名の居城であった備前東部、岡山県和気町にある天神山城の石垣です。これも段造成に伴う土盛の裾の護岸として築かれた低い石垣です。その他小早川氏の居城であった、広島県三原市の高山城や備前市にある浦上氏ゆかりの富田松山城の石垣も、高さが一メートル以下で垂直に積んでいます。

それから、もっと護岸的な石垣としては、長宗我部氏の本城であった高知県の岡豊城のように、古墳の葺石のように、段斜面に石を張ったようなニュアンスの石垣があります。

写真5は、丹波篠山城の前身に当る八上城の石垣で、写真6は、岡山県の備中分にあって毛利方の拠点であった猿掛城の石垣です。石垣といっても、斜面に小石を張ったようなものです。こうした石垣と

いうか石積みはプロというより、言い方は悪いですが、近所の素人のおっちゃんが積んだ石垣のイメージです。発掘現場で排土の土留めとして作業員さん達が近くに転がっている石で臨機応変に造ってくれる石垣とあまり変わらない気がします。

次は、曲輪の側縁を画す石垣、土留めの役割とともに、塁線を成して軍事的に人を遮るという役割も担いうるものです。

写真7は岡山県和気町の天神山城の石垣です。この石垣も高さが二メートルぐらいで、垂直に

写真5　八上城（丹波篠山市）

写真6　猿掛城（岡山県矢掛町）

写真7　天神山城（岡山県和気町）

積んでいます。とにかく強引に積み上げたといった感じです。

写真8は、熊本県の天草市にあります棚底城です。ちょっと見にくいですが、低い段をなす石垣がカーブを描きながら延びています。この石垣は、天端に堅牢な建物が乗るといった類のものでは到底ないでしょう。

次は、曲輪の前面というか、曲輪の尾根筋下方側の石垣です。そこには、曲輪の側部では石垣

写真8　棚底城（熊本県天草市）

写真9　感状山城（兵庫県相生市）

写真10　置塩城（兵庫県夢前町）

がないのにそこだけ石垣が築かれていたり、側部より立派な石垣があることが多いのです。

写真9は兵庫県相生市の感状山城の例です。高さが二メートル五〇から三メートルぐらい、強引に積んだ感じですが、石材はけっこう大きいです。一辺が七、八〇センチ、場合によると一メートル近いものもあります。隅部は角をなすのではなく、丸くなるのが特徴的です。

写真10は兵庫県夢前町にある置塩城、播磨国守護の赤松氏の居城の例です。戦国時代には、基本的に土造りの城でも、城門部の脇だけは石垣で固めることがけっこうあります。

どの例も、石材はけっこう大きなものを使っています。縦目地が通って、非常に不安定な感じになっているものもあります。

織豊系城郭への傾斜をみせる石垣

ところが、戦国時代の後半のある段階から、以上みたような石垣の枠組みと関連しながらも、非常に大きな石を使う例がでてきます。

写真11は岡山城本丸の、宇喜多直家の新段階、もしくは秀家が本格的な石垣を築く一段階前の石垣です。土塁の裾に、長さが一メートル五〇ぐらいの巨石を配置しています。

同じように、巨石を使い出すという動きは、島根県川本町丸山城や福井市にある朝倉氏の城下町一乗谷の下木戸、それから信長が一時居た岐阜城の千畳敷虎口などでみられます。どうも安土城に先行して、こういう巨石を使うということが、城の石垣に加わってくるわけです。

安土城以前の城で、やっぱり安土城に一番近いなというのは、いろんな方が既に指摘されていますが、この滋賀県にある城です。

湖北町にある浅井氏の居城であった小谷城は、天正元年（一五七三）に落城ということになっていますが、その後、秀吉が一時入ったという話もありますが、特に山王丸には巨石を使った立派な巨石があります。隅角部もきちっと造ってあります。

写真11　岡山城跡の石垣（岡山市教育委員会）

写真12　観音寺山城

それから真っ先に思い浮かべるのは、安土城からすぐの観音寺城の石垣（写真12）でしょう。この城は総石垣状態ですし、各部の石垣とも石材も大きく、造りも立派で、歩くと圧巻ですよね。織豊期の石垣の一つのパターンとして、門脇に巨石を意図的に配すということがありますが、そうしたことをすでにやっている。それから、量は少ないですが、矢穴痕を残す割石もあります。しかし、後の徳川時代の割石と違って、自在に石の大きさと形を整えるというより、自然石を単に半裁するためといった意味合いが強く、石材の全面が割って出来た面になるのではなく、石垣の奥に隠れたその他の面では自然面のままになっている場合が多いのが、この城、ないしはこの時代の割石の特徴ですね。さらに、なお織豊城郭の石垣と違うのは、やはり強引に垂直に積んだ感が強く、高さも三、四メートルぐらいまではあるのですが、それを超える高石垣は実現していないということです。

天正期の城郭石垣

そうした小谷城や観音寺城より新しく、また微妙に安土城に前後するものを含みうる時期、すなわち天正年間頃とみられる各地の石垣を、あらためて確認しておきましょう。

写真13はマイナーな例の一つですけど、天正十年の備中高松城の水攻めの時、毛利方の陣城に残された石垣です。高さが二メートル未満で、石材を垂直に積んでいますし、隅部の積み方も算木積みどころか、ずいぶんと不安定なものです。

広島県北広島町にある毛利一族の吉川元春館の石垣も天正年間のものです。安土城の石垣にも一部似たところがありますが、立石を配するのが特徴的な垣です。ほぼ垂直に立ち上がり、せいぜい高さは三メートルぐらい。

そのころの岡山城では、土塁の裾に巨石を配す程度の低石垣を築いています。曲輪の外斜面には本格的な石垣はないようで、宇喜多氏の本城でも、この程度のものであったということです。

それから、浦上氏の城で宇喜多氏が入って改修した岡山県備前市の三石城は天正期に廃城になったといわれている山城ですが、その石垣は高さが三メートルぐらいで、やっぱり

写真13　鷹ノ巣山城（岡山市ほか）

垂直に積み、後のものに比べると、石材も小さいものです。

以上のような状況に対して、信長、秀吉自身の城の石垣はどうでしょうか。つまり、天正四年から七年にかけて築かれた安土城では、高さ五メートルを超える石垣が出現したわけです。高い石垣を実現することの裏返しでもあることですが、強引な垂直ではなく、一定の角度を持って立ち上がります。それは、やがて石垣の上部ほど傾斜が急になる、いわゆる反りの出現に繋がって行くわけです。

天正一一年から信長の後継者となった秀吉が築いた大坂城でも、高さ五メートル以上の高石垣を沿う石垣状態で随所に築きました。これも、垂直に積むのではなくて、一定の角度を持って巨石を積んでいるし、背後にはグリ石がいっぱい入っています。

また、天正一八年の小田原攻めの時に秀吉が築いた石垣山城でも、巨石を駆使して非常に高い石垣を築いている。ただ、いわゆる算木積の工法については、徹底度がすごくあいまいというのが、この天正期のパターンです。

天正末から文禄・慶長初期の城郭石垣

続いて、織豊系の豊のほうでも後半、天正一八年の小田原攻め以後、大名の配置換えを伴いながら、その居城の織豊系城郭化の波が全国規模で本格的に押し寄せた時期の石垣です。

宇喜多秀家期の岡山城はその典型例の一つです。先ほど示した土塁の裾石垣に対して、いきなり、こういう高石垣が出現をしてくる。前段階の石垣に対してすごく飛躍があるんです。そして、今回の特別展にも出品していますが、金箔の押しの瓦なども伴ってくる。写真14は岡山城で現役の天守台石垣です。石垣背後に埋め込まれた自然丘の形に走行を規定され、隅角部は鈍角となっています。高さ一〇メートルを超え、傾斜は比較的緩く、反りはありません。石材はほとんどが自然石で、隅角部は石材の長辺を一段起きに左右に振り分ようとする傾向が読み取れます。同じ宇喜多秀家が築いた岡山城本丸の本段南側石垣に至っては、現状では基部が相当埋まっています

写真14　岡山城天守台石垣

が、本来の高さが一五・六メートルあり、いま大部が見える関ヶ原の合戦以前の石垣では、たぶん日本一高いと思います。そういう石垣が、岡山城では一気に実現したわけです。ここの石材も自然石主体ですが、矢穴を残す割石もごく少量は混じっています。しかし、先ほどの観音寺城の例と同じく、自然石の半裁品としてのニュアンスが強く、また割り面を石垣面に見せるような積み方をせず、割石、矢穴痕があるといっても、後の段階のものとは意味が違うわけです。

こうした宇喜多秀家期の岡山城の石材がどこから運ばれたかというのは、文献資料もなく、まだはっきりわかっていないのですが、状況証拠からいうと、城の傍らを流れる旭川の水運を媒介に、河口の先にある瀬戸内臨海部から寄せ集めてきているようです。厳密には次の小早川秀秋期ないしは初期池田期の石垣ですが、裏面にカキ殻が付着した石材も見つかっています。つまり、磯から拾ってきた自然石です。運搬距離は十キロ以上あったことになります。戦国時代の石垣というのは、地山ないしすぐ近くの石を寄せ集めて造ったという感が強いんですが、この段階になると、多少の運搬距離はもろともせず、大名に属す領域内の条件のいいところから組織的に集めてきているという、前段階に比べてそういう変化があります。

それから、本城の岡山城だけではなくて、宇喜多氏の家老クラスに委ねられた支城にも、高石垣が築かれていきます。最初にお話した常山城、それから岡山市にある撫川城などです、両城とも一部の曲輪ですが、そのほぼ全周に高さ四メートル前後の石垣を伴ってきます。

また岡山城とほぼ同じころ、天正の末期から築城に着手した広島城の天守台石垣なども高いし、造りも緻密で、同様に飛躍を遂げたものですよね。ちなみに石材の加工度に関して、宇喜多氏の岡山城の石垣は自然石を多く使っていたのですが、毛利氏の広島城は、石材の表面をノミで削って、きれいに整えています。石材の柔らかさとか技術とか、発注者の価値観の問題などがあると思うんですけど、同じ時期の石垣でも大名、ないしは動員された石工さんによって、石垣の様相にずいぶんと偏差があることにも注意しておきたいと思います。

写真15は、池田輝政が関ヶ原以前に居た豊橋市の吉田城鉄櫓の櫓台石垣です。皆さんよくご存知の松本城、和歌山城、徳島城などにも、立派な石垣が築かれています。

また、秀吉が築いた肥前名護屋城では、石材ひとつとっても自然石主体から矢穴痕を残す割石

写真15　吉田城鉄櫓台（豊橋市）

主体のものまで、色々なパターンの石垣が共存していると良くいわれておりますが、いずれにしても、相当に高い石垣を随所に築き、巨大な総石垣の城となっているわけです。

その後、関ヶ原の合戦直前、直後になりますと、石垣の立ち上がりに微妙に反りを持つものが出てきたり、石材の割石の比率が高くなってくるということがあります。

いずれにせよ、安土城以後のいわゆる織豊系城郭の石垣は、前段階の城郭石垣に比べて高く、構造的に緻密で、石材も大きく、天端に天守をはじめとした堅牢な城郭建築が林立するというパターンを基本形とし、以後の徳川期の城郭石垣に引き継がれていくいわけです。

慶長年間以後、徳川期の城郭石垣

徳川の時代に入っても、石垣の様相はどんどん

写真16　二条城本丸石垣

変化をしていきます。

　岡山城でも慶長五年（一六〇〇）の関ヶ原合戦直後の小早川秀秋の段階、そして慶長八年に池田氏が入ってきたころ、そして元和元年（一六一五）に池田忠雄が入ってくるわけですが、その段階ごとに変化していきます。特に、池田忠雄が積んだ石垣は、本丸内では初めて総ての面が割りによる面で構成される本格的な割石を積んだものです。よく言われる、野面積みから打ち込みハギへという変化が、ここで見られるわけです。むろん、石垣の天端には現存の月見櫓をはじめとする櫓が林立していました。

　この段階の石垣といえば、二条城（写真16）、丹波篠山城、大坂城、江戸城など、天下普請の城が挙げられ、切石積みの石垣です。こうした石垣の様相は徳川の城の特徴ですよね。見た目としてもすごく整い、白い石垣できれいです。隅角は算木積みが完全に定式化をしています。定式化しているという言葉が適切かどうかわからないですが、算木積みの普及、徹底は豊臣の城とはずいぶんと違うわけですよね。

その他に徳川期の石垣として、高知城、福岡城、姫路城、熊本城、丸亀城、三原城、岡山県の下津井城などが挙げられます。

戦国期城郭と織豊系城郭の石垣を比べて

戦国期城郭の石垣と織豊系城郭の石垣を比べて、少し整理をしたいと思います。

ありきたりな話になってしまうのですが、前代の城郭石垣が特に発達した、この滋賀県においてさえも、やっぱり観音寺城の段階と安土城にはすごく開きがある。その変換点は、安土城の造営が始まる天正四年から、七年ぐらいにあるということです。

つまり、各地で安土城に先行して城郭石垣があったし、元を正せば、お寺やお宮さんに立派な石垣があった。しかしこれらは、建物を建てる敷地を造成したり、区画を行うためのものでした。それに対して、信長の安土城は、どんな天守があったかなどは後の木戸さんのお話ですが、いずれにせよ天守、あるいは櫓・門といった軍事的な重量建物が石垣の天端一杯まで建っていたわけです。同じ石垣ではあるのですが、建物との関係では機能が違うのです。観音寺城なんかもそうなんですが、門のところに非常に立派な石垣があります。たぶん、ああいうところは石垣のぎりぎりまで建物が乗っていた、しかしそこに瓦が大量に落ちているということはないですから、乗る建物の種類というか、景観も違うのだろうと思います。萌芽的要素というのは安土城以前に確かにあったのだけど、やはり大きな変換点は安土城にある。

それから、各地で城郭石垣の歩みがあったなかで、例えば岡山では織豊系城郭の石垣出現の以前と以後では、その差というか、画期性は近江に比べてもっと歴然としているんですね。宇喜多直家段階ないしは秀家の若年段階では石垣といっても、本城の岡山城から支城に至るまで、高さが三メートルになかなか届かないし、部分的にしか石垣は採用されていない。対して、豊臣大名としての宇喜多秀家は、岡山城天守台ほかの大量の高石垣を一気に実現するに至ったのです。宇喜多氏は、戦国時代に結構いい線まで石垣を発展させたと言われていますし、それは事実なんですが、落ちている瓦などから石垣の年代を絞り込んでいくと、一部はけっこう新しいものとの展望が開け、逆に天正一九年を上限とする秀家の岡山城の石垣出現の画期性が鮮明になりつつあります。

同じく石垣の用語を当てるとしても、織豊系城郭導入の前後で相当大きなギャップがあるのが、地方でのパターンです。

広島三原市にある小早川氏の居城は、高山城、新高山城、そして三原城と遷っていきます。高山城にも石垣はありますが、高さが一メートルあるかどうかの土塁の裾石垣が基本です。新高山城、川の対岸に城地が遷るんですが、石垣の基本は低いのがベースです。その新高山城でも、本丸のあたりに限って、大石を駆使した結構高い石垣がある。その構築年代、新高山城の変遷過程とその時期はまだ決まっていないんですが、これが慶長元年（一五九六）廃城間際の最新の石垣である可能性が高く、その他の部位の石垣との差は歴然としています。

それから、島根県、出雲の東部の月山富田城では、最近の調査で山麓部を中心に堀尾吉晴が出雲に入って松江城を築くまでの僅かな期間に、相当改修して石垣を積んでいることがわかってきました。逆にいうと、関ヶ原合戦以前の月山富田城には、たしかに石垣はあるんですが、そう高くはなく、石材も地元で調達できる小ぶりなもので、強度を持っていない石垣です。したがって、天端に重量建物が乗る石垣ではありえません。変化の画期性は明瞭です。

それから、土佐の長宗我部氏から山内氏に至る居城は岡豊城、浦戸城、高知城と続いていくわけですけど、浦戸城の段階のどこかに大きな変換点がある。古くみても天正末、つまり安土城以後ですよね。

織豊系城郭の石垣が出現した意味

織豊系城郭の石垣が出現した意味をまとめてみたいと思います。

第一に、五メートルを超える高石垣。非常に高いということですね。高い壁をつくり出すという意味では、対人遮断装置といいますか、塁線といいますか、ある意味では軍事に直結して特化している。それは戦国期の一部の石垣みたいに、地山を削って出てきた石を土留めに使うという発想とは違います。しかも、それが旧地形を克服して構築できる。つまり、戦国時代の山城は山を切り盛りして曲輪を造成するわけですが、基本的には元の地形に即して曲輪の形が決まり、石垣の場所や規模が決まる。ところが、織豊系城郭としての広島城なんていうのは、島普請と言われているように、まったく何もないと言ったら語弊があるのですが、そういう場所にフリーハンドで、天守台をはじめとする段曲輪を石垣造りにすることによって築いている。そういうことは、戦国期の石垣ではなかったことですよね。

第二に、そうした高くて強固な石垣が出現した背景には、石垣構築技術の飛躍的発展、従来とは質的に異なった技術体系の成立があったはずです。つまり、プロの技術者集団が存在し、各築城主体によって動員できるという枠組みが出来上がっていたということです。

例えば強引に垂直に積んだのでは、こんな高さの石垣は成り立ちませんから、一定の傾斜をもたせて積むという意識や工法が出てくるわけです。石垣の背後にはしっかりとグリ石が入った裏込めも必要になってきますし、さらに背後の造成土を堅固に締めて高く盛るという技術も必要です。軟弱地盤の沖積地でフリーハンドの位置に石垣を積むには胴木を使う工法が採用されました。

それから巨石を駆使する技術。戦国時代の石垣の一般的な石材は人が一人か二人で手で持って、よっこらしょいと積めるほどのものですが、織豊系城郭の一辺一メートルにも達そうかという石材ともなれば、やっぱり数人がかりで、何がしかの機械力を導入しないと積めません。発掘現場に例えれば、丸太とチェーンブロック、あるいはクレーン車の登場というふうに、工法の質的転換が必要なのです。

戦国期の城の石垣というのは、地山の石、つまり岩山を削って出る石材を積むパターンが目立ちます。地山に石材が豊富かどうかだけで、その城の石垣のある、なしが決まっているわけでは、ないんだと思いますけれど。また、地山でなくとも、戦国期の城の石垣石材はたいてい近隣で採れるものです。ところが、織豊系城郭では、場合によれば、二〇キロ前後といった広範囲から石を寄せ集めてきているわけです。あるいは、城地の近隣で石が採れても、求める高石垣の材料にするには強度が足らなかったのかも知れません。また、特に自然石使用の石垣でしたら、角の形に合う、ねじ曲がった石が欲しいというと、似合う石を一所懸命探してくるわけです。また、裏込めに適した石材を、築石とは別の地で調達する場合も多かったようです。その点、戦国時代の石垣の裏込めは、無い場合もあるし、あっても近所で採れる築石と同種で小ぶりなものを適当に詰め込むというのが基本でした。つまり、織豊系城郭の石垣は、石材を選択する技術、そして石材を遠距離運ぶ技術と体制の存在が前提となるわけです。

そして、織豊系城郭でも新しい段階になると、石を選ぶだけでなく、矢で石を割ったり、ノミで面を加工したりして石材の形と大きさを自在に造る傾向が強まります。これにも技術が前提となるのですが、そうした志向性は、戦国の城の石垣にはほとんどなかったですよね。

第三に、織豊系の城郭の一部の石垣には、視覚面に訴える付加価値が備わっている点です。つまり、見せる石垣です。特に城門などで、大きな石、特に立石を意図的に配して見せたり、目地の通り方に凝ってみたりということがあります。

石垣が高いということ自体、軍事の実効面だけでなく、視覚、感覚面でも見るものを圧倒するという効果がありますよね。戦国時代の山城の石垣も裾から見えるものがありますが、徳川期のものではありますが彦根城とか姫路城とかを代表格に、ああいう高い石垣が重なる姿は視覚効果抜群ですよね。

城主の権力の大きさの誇示、軍事面での視覚的威圧、政治の場や城主の住居である城の荘厳さの演出など様々な意図が複合していると思いますが、単なる石壁、土台ということを超えて、石垣そのもの、あるいはその石材に価値が備わるのも、織豊系城郭、徳川期城郭の石垣の大きな特徴と言えると思います。

第四に、織豊系城郭と続く徳川期城郭の石垣は、戦国期の石垣と異なって、天端に瓦葺きで堅牢な城郭建物の壁が乗ると言う点です。石垣の天端ぎりぎりまで櫓などが建つということは、死角が減るということですから、軍事的な面でも前代とは全然比べものにならないわけですけど、結果としてまた、城の見た目の姿も相当に変わってくるわけです。

城の石垣を、一つの要素やパーツに分離してしまいますと、安土城以前から矢穴痕があるじゃないかとか、この石垣はかなり高いじゃないか、巨石も含んでいる、あるいはこの石垣の上に限っては瓦葺建物があったという話になりますけれど、やはりトータルとして石垣というものを評価してみると、安土城を起点とする織豊系城郭とそれ以前の石垣のこの差は歴然としてあるということです。中井さんがおっしゃるように、石垣と瓦と礎石建物の有機的結合という脈絡のなかで、あるいは城のもつ歴史性のなかで石垣を考えると、質的に変わってきていると、そういうことをあらためて強調しておきたいと思います。

最後に、信長の城、秀吉の城は石垣においても、非常に先進的なものですが、その違いについて触れておきます。信長の安土城が築かれた段階というのは、安土城に近似した石垣はなくはないんですが、非常に限られた城、地域にしかなく、やはり安土城の石垣は、全国分布の上でオンリーワンに傑出した存在であった。それに対して秀吉の段階、もちろん一番大きくて立派な石垣は、秀吉自らの居城、大坂城に、聚楽第に、肥前名護屋城に、伏見城にあるわけですが、そのミニチュア版、簡略版というものが全国各地の地方大名の城に出てくる。

同じ織豊系城郭の石垣でも、もちろん石垣そのものの様相や込められた技術は信長段階、秀吉段階で変わってくるわけですけど、城の石垣がもつ歴史的な意味が少し違ってきているんではないかということです。その背景には工人集団のあり方の変化があったはずです。

特に、この傾向が強くなるのは天正年間の末以降、つまり小田原の陣が終わった後の全国規模の築城ラッシュ時からと見通せます。

もっと細かく話をしたかったのですが、時間の関係もあります。言い足りない点は、討論にまわすとして、これで終わります。どうもありがとうございました。

二　金箔瓦の出現と展開

加藤理文

加藤です。よろしくお願いします。

最近歳をとったせいか、眼鏡を掛けないと見えなかったり、近いところが見えにくくなって非常に困っておりますので、今日はそういう方のためにスクリーンに映し出される大型の画像を見ていただきながら、いろいろお話をさせていただきたいと思います。

それから、今日見ていただくさまざまな瓦の本物は、今回の展覧会にほとんどが展示されています。私も、金箔瓦を調べるにあたって、全国各所を見て回ったのですが、これだけ一堂に金箔瓦が揃うのは、たぶん初めてのことかと思いますので、ぜひ展示会場に足を運んでいただき、本物を確認していただきたいと思います。

なお、発表資料に使用する瓦は、ほとんど今回の展示図録に載っております。また、私の話を聞く中でおかしいなと思ったり、もう一度確認したいと思われる方は、図録で再度確認していただきたいと思います。

私に与えられた題名は「金箔瓦の出現と展開」ということですが、話の内容は、織田政権下より豊臣政権下のほうが多くなるとは思います。それでは、金箔瓦がどのように普及し展開していったのかというお話をさせていただきます。

安土城の金箔瓦の特徴

まず、金箔瓦の代表である安土城の金箔瓦を復元するとどうなるのかということで、復元した瓦を並べてみました。安土城の天守をはじめ、主要な箇所には、この写真のような形で屋根瓦の先端部が光っていたということがおわかりいただけると思います。

次が、安土城の主要部出土の金箔瓦です。現在確認されている軒丸瓦と軒平瓦の金箔は、凹面いわゆる引っ込んだ部分に貼られています。そうでない大きな飾り瓦や鬼瓦であるとかは、一部突出した部分、いわゆる凸面に貼られているものもございます。ただ、菊紋を使用した軒丸瓦につきましては、出っ張った凸面部分にある菊の紋様のところだけに貼られていたようです。

安土城が廃城、焼け落ちてから現在四〇〇年以上が経つわけです。元々の安土城の金箔瓦がいったいどのように見えたのかは、推定する他ありませんが、発掘調査で未使用の金箔瓦が出ており、焼かれた当時の状態が解ります。その瓦の金箔は、見事に黄金にきらきら光っています。従って、安土城が完成した当時は、非常に光り輝く金箔瓦が葺かれていたということがわかります。

写真１　安土城復元金箔軒丸瓦・軒平瓦

　では安土城に使用された瓦の一番の特徴は何でしょうか。それは、瓦を使用するための規制があったということです。どのような規制があったのかというと、信長と親交の深い宣教師・ルイス・フロイスが書き残した報告のなかで、次のようなことを言っております。

「セミナリオを建てるとき、金箔瓦ではないが、織田家一門以外は、他のどんな武将たちにも許さなかった瓦を、特別な恩典として私たちの修道院に許可してくれた」と。

　少なくとも、フロイスは、安土城に使用された瓦というのは、織田家一門以外他のどんな武将たちにも許さなかった瓦という認識をしていたことが解ります。安土城で使われた瓦と同じ瓦は、織田家一門以外誰も使わなかったことが記録に残されているのです。

　では発掘調査結果はどうだったのかというと、当然同じような結果が出てくるわけですが、さらに細かな規制があったことが判明しました。例えば、安土城同様の金箔瓦は信忠、信雄、信孝という、自分の子どもだけに使用を許可していたようです。

その他の織田一門、いわゆる弟とか甥などは、金箔はないけれど、安土城とまったく同じ瓦の使用が認められます。ということは、一門衆には安土城と同じ瓦、金箔はないが、同じ瓦の使用を認め、自分の息子たちには金箔を張ることまで認めていたことになり、一族の中でも明確な差別化がされていたことになります。

先ほど乗岡さんのお話にあったように、中世寺院の石垣から城郭に使用されていくのと同じで、瓦もお寺に使われている技術を、再度信長の時点でお城用に再構築していったわけです。そのときに織田政権、信長自身がその瓦に規制を設けたことで、今までとは異なる新たな瓦像が生まれ、それが展開していったのです。しかし、信長が本能寺で死んでしまい、その後、信長は瓦規制をどう進めようとしていたかは、残念なことにまったくわかりません。

秀吉の金箔瓦

信長の後を引き継いだ秀吉が金箔瓦をどう使用したのかは、かなり解ってきています。これから先は秀吉の話になります。

秀吉の話に移る前に、まずみなさんに知っていただきたいことがあります。それは、城の建物のどの部分に金箔瓦が使われているかということです。一番、多くの城で使用されているのは、みなさんがよくご存じのシャチホコです。

シャチというと名古屋城の金シャチを思い浮かべますが、どうも織田段階、豊臣段階では、全面に金箔が貼られていたのではなく、部分的に金箔が貼られており、目のところは赤漆で、口の中も赤漆でという、色分けがなされたシャチが多かったようです。

屋根の一番上の大棟や、下り棟の一番下に飾りとして使用された菊丸瓦という小さな瓦がありますが、ここにも使用が見られます。当然、よく目立つ鬼瓦にも使われています。

それから軒の先端に使われる丸い軒丸瓦、それと対を成す波型をした軒平瓦に金箔が貼られていたかは、一番多く使用される瓦だけに重要なポイントです。

屋根の四隅に置かれた鬼瓦の上に飛び出た鳥衾、大棟の下に横に並べた熨斗瓦にも金箔が貼られていました。一般的に飾り瓦と総称される、重要な箇所に飾りのために葺かれた瓦、留蓋と言って、屋根の分岐点にあたる箇所に、上から被せた亀や桃の形をした瓦も飾り瓦の一種になります。そこにも、多くの金箔瓦が見られます。屋根ではありませんが、屋根裏で屋根を支える垂木の先端部分に飾りのために瓦を貼りつける場合があります。それを垂木先瓦といいますが、ここに使う場合があります。また、隅木と呼ばれる屋根の四隅にある屋根を支える大きな柱ですが、この先端部に付けることがあります。隅木蓋瓦と呼ばれています。

現在まで確認されている金箔瓦の使用個所というのは、おおよそそのような部分に使用されています。これから私が紹介していくお城のすべてで、今説明した金箔瓦類が全部屋根に使用されていたというわけではございません。この城では、軒丸瓦も軒平瓦も全部金箔瓦が使われているが、この城はシャチのみ、鬼のみというような差別化があった可能性が高いのです。それでは、金箔瓦が使用されている城を、順次見ていただくことにしたいと思います。

今回の展示会でも、展示されている大坂城の金箔瓦は、熨斗瓦、軒丸瓦、軒平瓦など多種多様な瓦に金箔が貼られています。金箔の残存状況はあまりよくありませんが、金箔が貼られている部分を確認してほしいと思います。

大坂城は、天正十一年に築城が開始されています。秀吉は本能寺の変のあと、天正十年に山崎山にお城を築いているわけですが、山崎山築城時点では、金箔瓦を使用していません。従って、秀吉が金箔瓦を使用し始めるのは、大坂城からということになります。

では、なぜ秀吉は大坂城から金箔瓦の使用を開始するのか、それが問題になるわけです。織田政権下にあっては、織田一門以外は金箔瓦使用を認めないという規制があり、羽柴秀吉は使える身分でなかったわけです。金箔瓦の使用許可は、当然のごとく与えられていませんでした。

秀吉は、本能寺の変後、逆臣・明智光秀を倒した功績によって、後継者争いをリードします。その過程において、自分が織田政権の正当な後継者であるということを示す必要性が生まれてきます。そのためには、信長が使っていた金箔瓦を秀吉も同じように使う必要があると考えたのでしょう。秀吉は、信長と同様の燦然と輝く金箔瓦を使った居城を築くことが出来る、織田政権の正統たる後継者だと旧織田配下の武将や一般民衆に知らしめるためだったのです。

ただ、大坂城築城時点では、金箔瓦は秀吉が独占するものではありませんでした。なぜかとい

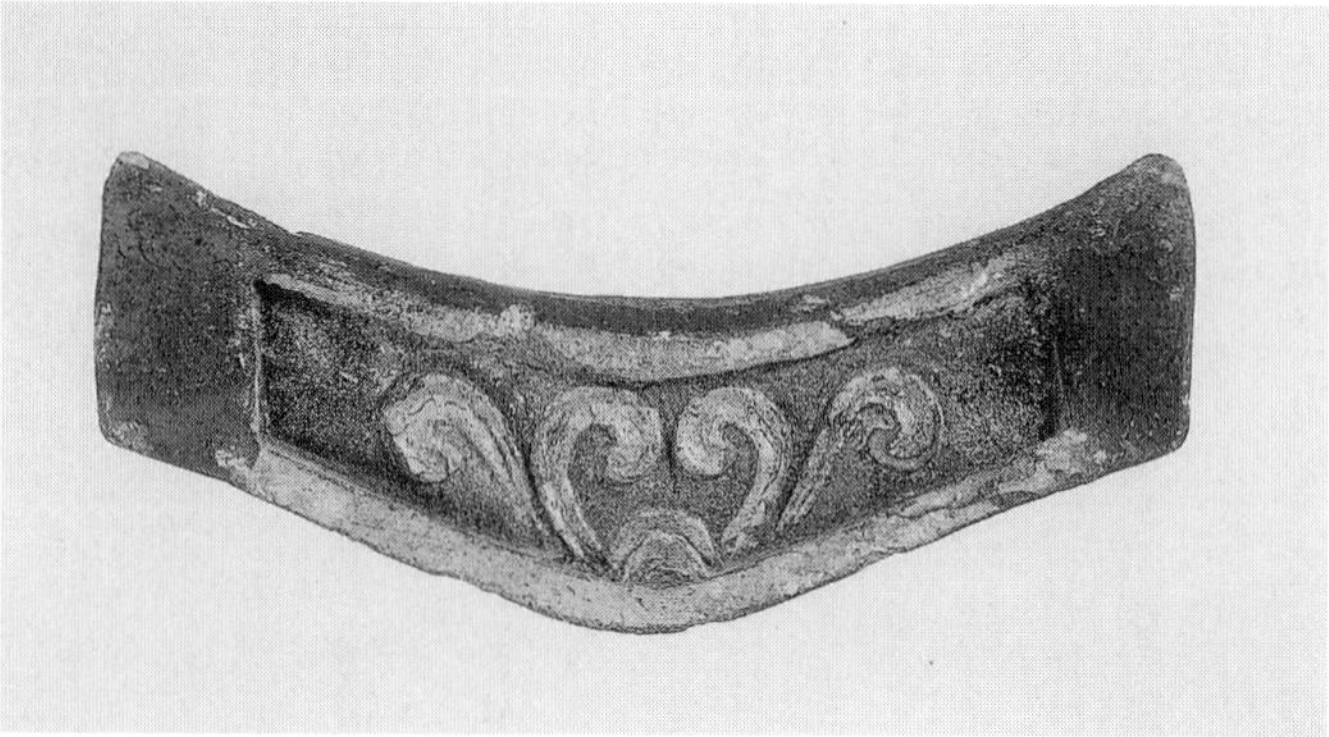

写真２　大坂城唐草文金箔軒平瓦

うと、信長から金箔瓦使用を認められた織田信雄がいたからです。信雄は信長の息子ということで、そのまま金箔瓦を使い続けます。信雄の居城である清須城は、金箔瓦が燦然と輝く城だったのですから、この時点において豊臣家独占ではなかったのです。

大坂城では、様々な金箔瓦が使われていますが、興味深いのが軒平瓦です。軒平瓦の金箔が貼られた部分を注目して見てください。金箔が両端まで貼られてなかったことが解ります。また、信長の安土城はへこんだ凹面部分に金箔を貼っていたのですが、秀吉は突出した凸面部分に貼るようになります。これは、大変大きな変化になります。

なぜ、両端まで全てに金箔が貼られていないのかというと、実は屋根に葺かれた時の瓦の状態に関係があります。軒平瓦は、横に軒丸瓦と呼ばれ丸い瓦とセットで葺かれるわけです。つまり横に据えられた丸瓦で、軒平瓦の両端は隠れる部分がでてくることになります。あえて全面に金箔を貼ったとしても、瓦を葺いてしまえば見えなくなるなら、見えるところだけ貼っておけばいいというのが、秀吉の金箔瓦生産の大前提でした。いうなれば省略化を進めた結果ということになるわけです。

瓦自体も安土城の瓦は、非常にきめ細やかな瓦で、信長自身が完成検査をしていたのではと思うぐらいな丁寧な完成域に達した瓦でした。ところが、秀吉の瓦はあまりにも汚い。そんなに磨いてあるわけでもなく、雑な仕上がりの瓦を平気で使っています。ただ金箔が貼ってあればいいんだというような瓦までも使っています。

では、それはなぜなのか。瓦一枚一枚を点検するまでの芸術的なお城をつくったのでは、あまりにも時間がかかってしまう。信長は自分が天下政権を握っていたわけですが、秀吉は、まだ織田政権の正統な後継者として、すべての人々に認められているわけではありません。信長の同盟者で、秀吉と同等の軍事力を有する徳川家康もいました。

そうしたなかで、まず金箔に輝く、信長と同じ城をとりあえず早くつくってしまう。しかも、できれば安土城よりも大きな天守をつくりたい。何としても信長を凌駕する城をつくりたいという、ただその一心で城を築いたとしか思えないのです。それを裏付けるような金箔瓦が多数出土しているということです。

だから、大坂城をつくる時点では、自分の城、しかもそこには金箔瓦が葺いてあり、上様の城よりも大きな城をという意識だけで、築き上げたのではないでしょうか。

秀吉はその後、次から次へと城をつくっていきます。口絵の『聚楽第図屏風』をよく見ると金箔を使っている位置がわかります。軒丸瓦や軒平瓦、鬼瓦、飾り瓦など、ありとあらゆる部分にふんだんに金箔瓦が使用されています。

一度、この『聚楽第図屏風』をそういう目でゆっくりと見ていただくと、「ああ、こんなところにも金箔瓦が使われているんだ」というのが、おわかりいただけると思います。

聚楽第からの出土金箔瓦も、ありとあらゆる部分に金箔が貼られていますが、大坂城同様軒平瓦は、軒丸瓦によって隠れる部分に、やはり金箔は貼られていません。

聚楽第は、秀吉の京における拠点で、天皇の行幸を仰いでいるところです。従いまして、聚楽第だけでなく、その周りに広がる秀吉配下の武将たちの屋敷地にも同じように金箔瓦が使われていました。屋敷地では、実に様々な武将たちが金箔瓦を使用しています。しかし、加藤清正とか福島政則という個人に対して金箔瓦使用を許可したのではなく、聚楽第に天皇が行幸するため、その通り道にあたる屋敷地までも金箔で飾る必要があったという理解でいいと思います。なぜなら、聚楽第の屋敷で金箔瓦を使用していたにも関わらず、自分の居城にまで金箔瓦を使用している事例があまりにも少なすぎるからです。

金箔瓦使用城郭分布図からわかること

「金箔瓦使用城郭位置図」からは、あらかじめ織田政権下の事例は抜いてあります。豊臣政権成

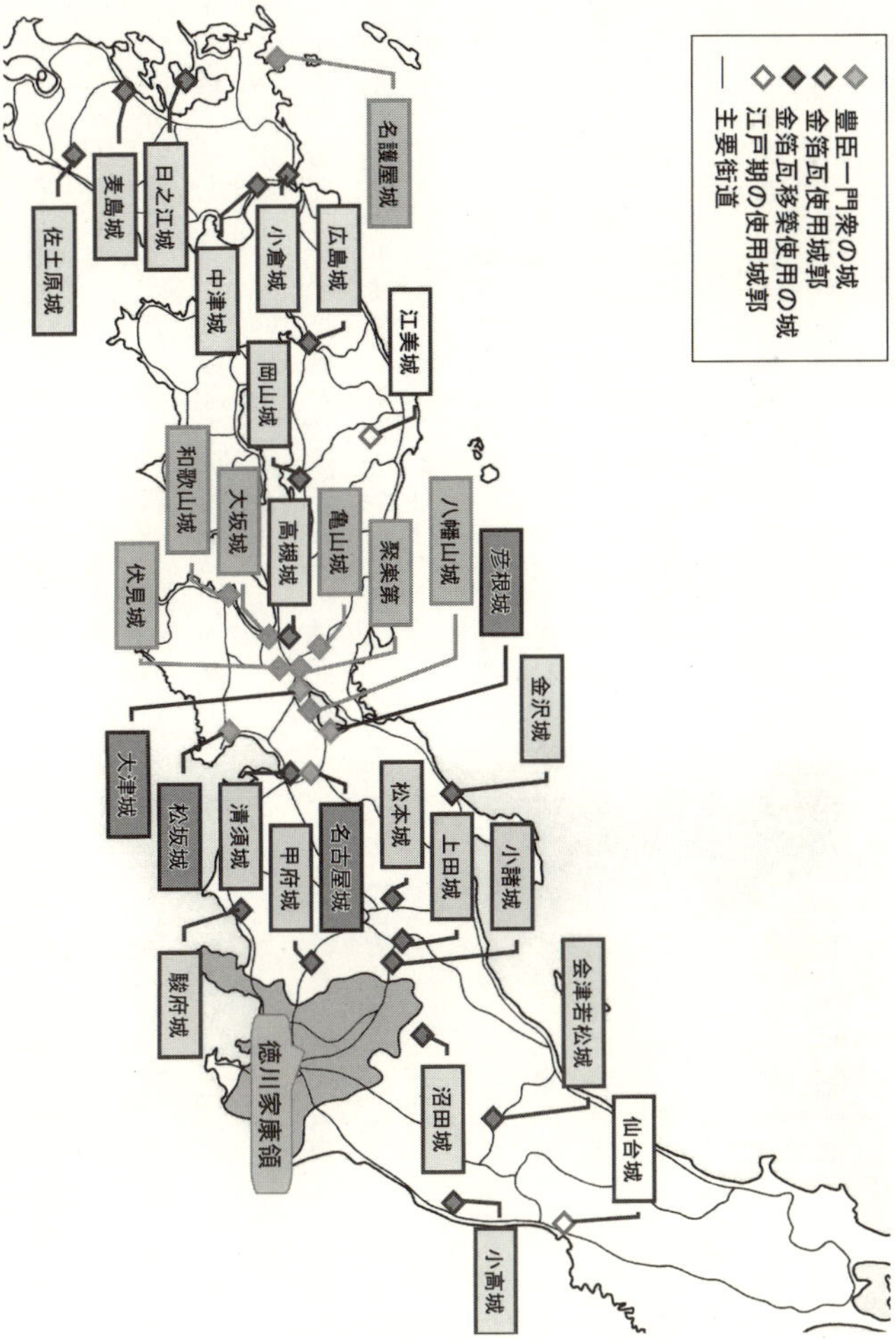

図1　金箔瓦使用城郭位置図

立以後の分布とご理解ください。この中で、豊臣一門衆の城は、大坂城、聚楽第、肥前名護屋城、和歌山城、八幡山城、伏見城、それから亀山城になります。やはり秀吉が豊臣家一門に限って金箔瓦使用を許していたことを示す結果があらわれています。

それから清須城、金沢城、高槻城、岡山城、広島城、小倉城、中津城、日ノ江城、麦島城、佐土原城、そして徳川家康領を囲むように、駿府城、甲府城、松本城、上田城、小諸城、沼田城から金箔瓦が出土しています。

東北地方では、小高城と会津若松城で確認されますが、やはり、徳川家康領を囲むような場所に金箔瓦が集中します。もう一つの特徴は、主要街道上に位置する城にあるということと、地域の拠点に使われていることになります。

城の屋根に使用される瓦の数ですが、軒丸瓦、軒平瓦が一番多い瓦になります。当然、金箔瓦として使用すれば、最も効果があったと思われます。当然、豊臣一門衆の城では、軒丸瓦、軒平瓦を中心に、シャチや鬼瓦、飾り瓦にいたるまで金箔瓦が使用されています。

ところが、全国に広がった金箔瓦使用城郭のうち、豊臣一門衆の城と同じように、軒丸瓦、軒平瓦まで、金箔瓦が使用された城というのは非常に少ないのです。岡山城、駿府城、それから上田城、金沢城、会津若松城。甲府城にもあるといいますが、私は実際に見たことがありませんので、ちょっとわかりません。豊臣一門衆と同様の金箔瓦を使用した城は、ごく限られた城だけでしかありません。

岡山城は、宇喜多秀家ですから秀吉一門衆ですので問題ありません。金沢城の前田利家は、秀吉自身が最も信頼をしている盟友として、一門と同じような特権を利家に与えていたという理解でいいと思います。豊臣政権では、家康を除けば、その次に実力者である利家に使わせることが、重要であったと思われます。

会津若松城の蒲生氏郷は、東北経営の拠点としての位置付けということでしょう。では、どうして駿府城、小諸城で使用されたのでしょうか。この二城はあまりにも特異です。

小諸城に入ったのは、最近『センゴク』というマンガの主人公として取り上げられ、一部で知られつつある仙石秀久でした。たいした武将でありませんと言うと、怒られますが、わずか五万石程度ぐらいの武将です。それなのに、豊臣一門衆とまったく同じ金箔瓦を葺いています。駿府城は、大河ドラマ『功名が辻』でロンドンブーツが演じ、知名度があがりつつある中村一氏の城です。

なぜ彼らは、前田利家や蒲生氏郷という百万石近く領有する大大名と同じ扱いが受けられたのか、一門である宇喜多秀家と同じ扱いなのかということが重要なポイントです。それは、家康が江戸から上洛する時、東海道、あるいは中山道を利用した場合、共に豊臣領に入った最初の拠点城郭だったからではないでしょうか。甲府城にも金箔瓦があったといいますが、これも徳川領を越えた一番初めの拠点城郭という共通点があります。現時点では、対徳川を意識した極めて政治的な意味合いによって使用された金箔瓦だというのが結論です。

今後も発掘調査が進めば、金箔瓦はいろんな城で確認されるかもしれません。その都度また再考する必要はあるとは思いますが、おおよそ現在の考え方で大筋はあっていると思います。

そのほか、取り上げなかった大津城、松坂城、彦根城、名古屋城、これらはすべて再利用によって金箔瓦が移動して使用されてしまった城になります。もともと金箔瓦が使用されていた八幡山城から運び込んだ部材を彦根城、大津城は再利用しています。松坂城は、信雄の松ヶ島城から瓦を運びもそのまま再利用しましたので、意図的に金箔瓦を葺いたというものではなく、リサイクルの結果、そこに金箔瓦が偶然葺かれてしまったのです。名古屋も同様で、清須城から運んで再利用した瓦が偶然残っていて、それが金箔だったということです。

これらとは別に、仙台城、それから江美城でも金箔瓦が確認されています。江美城については、詳しい状況が解っていませんので、保留にしておきたいと思います。金箔瓦は、シャチ、鬼などの部分のみの使用です。仙台城については、規制緩和で理解されます。豊臣秀吉の死によって、徳川家康に天下政権が移っていくわけですが、その時点でおそらく徳川家は、金箔瓦の使用ということに対する規制を設けていません。仙台城における金箔瓦の使用は、確実に秀吉死後のことになりますので、規制緩和のドサクサに紛れて、派手好み政宗が使ったのだろうという理解をしていただければいいと思います。

大坂城から、肥前名護屋城へのルート上にちらばる金箔瓦の城々の目的は、コーディネーターの中井さんによると、秀吉が唐入りするため、そのルート上に金箔瓦の城を配し、朝鮮に向かう武将たちの士気高揚にあてたということです。簡単に言うなら、東国に広がる金箔瓦の城が、私の言う「徳川家康包囲網」なら、西国は「唐入り黄金道路」というような理解をしたらどうかということです。

私は、中井さんの言うことにまったく同感ですし、また逆に、朝鮮使節が大坂に来るときに見せる目的もあったのではないかと考えています。朝鮮使節が通る道すがらの城に金箔瓦が葺いてあるというのは、視覚的効果からも、使節団に与える影響は大きいと思われます。いずれにしても、文禄・慶長の役に関わる金箔瓦であったという理解もできると思います。

各地の城の金箔瓦を再現する

ここからは、各地で出土している金箔瓦をみていくことにします。まず、岡山城出土の金箔瓦を見ていただきたいと思います。かなり光沢があるとお思いでしょうが、金箔が取れないように上からバインダーという糊を塗っているための光沢です。糊を塗ることによって、出土状態を保ち金箔を落とさないようにしてありますので、当時このような光沢があったということではございません。

図録にも載っていますが、岡山城天守の金箔瓦をごらんください。出土した破片の状態の瓦をコンピュータで細工をしますと、本来の金箔瓦の状態が判明します。桐の文様がはっきり解っていただけましたでしょうか。コンピュータによる復元作業をやり出すと、なかなか面白くてやめ

写真３　岡山城出土金箔桐紋瓦

られず、岡山城天守を全部金箔瓦で葺いた状態の写真も作ってみようかという気にもなりましたが、あまりに時間がかかりすぎるのでやめました。

次が会津若松城の金箔瓦になります。特徴的な飾り瓦を復元してみました。かなり大きな瓦で、釘で止めていた釘穴がよく解ります。このような大型の金箔瓦も使用されていたことになります。軒丸瓦もごらんください。

小倉城出土の金箔鬼瓦は、非常に状態がよくありません。ほとんど金箔が残存していませんが、赤漆が使用されているがお分かりでしょうか。このように、部分的に金箔が残っている箇所と、赤漆の部分がありますので、安土城のシャチのような色分けがされていた可能性を考えてもいいのではと思われます。

松本城の金箔鬼瓦は、この部分に金箔が貼られていたのではないかと考えられています。今回の展示品にある上田城の金箔鯱瓦です。よく見ていただかないとわからない程、残存状況はよくありません。お腹の部分に割と金箔が残っています。鱗の部分についても、部分的に残っている箇所が見受けられ、少なくとも鱗の部分にまで金箔が貼ってあったのは事実だと思います。肝心な顔の部分、目の部分、口の部分については、残念ながら出土しておりません。今回、安土城の復元された金箔瓦が展示されていますが、同じように部分的な金箔の使用であった可能性もあると思います。鱗は金ですが、口の部分とか、目の部分の色が変わっていたということです。

もう一つ上田城の金箔瓦をごらん下さい。この瓦も、今回展示されています。金箔そのものの残存状況は良いのですが、瓦の部位として、どこにあたるのかがよくわかりません。ただ、鬼瓦であることは間違いないと思います。

展示品の一つである甲府城の金箔鬼瓦（口絵7頁）には、全面に金箔を貼り復元されたものがあります。そこから全て金箔が貼られていたというイメージをお持ちの方もあるのではないでしょうか。そうではなくて、文様を構成する風神のみが金箔だったのです。屋根上に飾ってみると、全面金箔よりかえって目立つような気がするのですが、実際にあげてみないとわかりませんね。

こちらは小諸城の金箔軒平瓦になります。よく見ていただくと、文様部分にわずか金箔が残っているのがお分かりいただけます。これも、コンピューターを操作すると、元の状態に復元できます。大坂城と同様に、両端部分には貼られてなかったのかもしれませんが、今回は解りやすいように、全てに貼られた状態にしてあります。あくまでも、解りやすくした推定復元とご理解ください。軒丸瓦は、桐紋を使用しています。城主であった仙石秀久は、桐紋を使用した形跡はありません。従って、金箔瓦のみに桐紋を使用したことになります。このことから、秀吉の紋である桐紋を使うことを条件に金箔瓦を葺くのを許したということも想定の範囲内だと思います。政権サイドもしくは、秀吉から何らか命令があったがために、普段使用したことの無い秀吉同様の桐紋を使用したと理解されます。

これは駿府城の金箔が貼られた軒丸瓦です。この瓦をよく見てください。この瓦は安土城の瓦とまったく同じ瓦になります。なぜ安土城と同じ瓦が、駿府城にあるのでしょうか。それは、瓦が移動し、再利用され続けたからです。天正十八年に駿府城主となった中村一氏の前任地は、近江の水口岡山城でした。今回紹介した金箔瓦は、水口岡山城から駿府まで運び込まれ再利用された瓦なんです。

では、水口岡山城の瓦に、どうして安土城と同じ瓦が存在することになったのでしょうか。中村一氏は、水口岡山城主の前に、湖東の大溝城主となっています。大溝城は、信長の甥である織田信澄の居城で、現在も天正期の天守台が残されています。一氏は、大溝城廃城に伴い、新城となる水口岡山に琵琶湖水運を利用し、この瓦を運びこんだと記録に残っています。おそらく、それと同様な状況で、水口岡山城から新城の駿府城に運んだのでしょう。当時、瓦は貴重品であったことを示す一つの事例でしょうか。新たに瓦を焼いても足りない、従って前任地で使用されなくなった瓦を運んでいるわけです。瓦が貴重品であって、このようにリサイクルされ続けたことを、ご理解いただけたらと思います。

水口岡山城で使用されていた段階では、当然金箔は貼られていませんでした。大溝城の段階も同様です。ところが駿府城で利用される時に、金箔が貼られ新しい瓦として再生することになります。それは、政権サイドもしくは秀吉から「金箔を貼りなさい」という命令があったからだと思われます。金箔の残存状況は極めて悪く、しっかりと見ていただかないと分からないくらいです。今回は、皆さんに解る様に大きく拡大してみました。拡大するとはっきりと金箔が付いているのがわかると思います。

この駿府城の瓦は、もう一つおもしろい問題をかかえています。考古学的な遺物として考えれば、織田信澄段階に焼かれた瓦ですので、その特徴を備えた天正前半期の瓦になります。ところが、金箔屋根瓦として葺かれた年代は、天正後半から文禄期になるわけです。駿府城の瓦は、焼成時期と使用年代は、十五年程度しか離れていませんが、五十年離れたものも百年離れたものも当然存在します。瓦は、耐用期間が非常に長いものですから、考古学的遺物として年代特定は出来たとしても、使用時期の特定は、かなり難しいものがあります。出土状況がはっきりしているものはいいのですが、一枚だけとか、伝承品というのは、作られた時期が特定できるだけで、いつどこで再利用されているかは解らないということです。

画像も最後のほうになってきました。では、最も省力化が進んだ伏見城の金箔瓦（口絵5頁）を見ていきましょう。今回の展示会にも展示されていますので、よく観察しておいてほしいと思います。なかでもこの軒丸瓦を見てください。何ら模様もなく、模様がある場所にただ金箔を貼ってあるだけの瓦になります。これと対になる軒平瓦も、軒丸瓦とまったく同様で、何の模様もないのに、金箔だけ貼ってあります。遠くから見れば模様があろうが無かろうが、見栄えはまったく変わらないわけですので、模様を付ける時間や手間がもったいないということなのでしょう。金箔を貼ってしまえば、伏見城使用瓦になるということを如実に示す好例だと思います。従って、この瓦が、最も省略化が進んだ金箔瓦と理解できます。

最後に、軒丸部分や軒平部分に金箔瓦を使用した場合、どういうふうに見えたのかを皆さんに実際に見ていただきましょう。広島県の宮島にある厳島神社千畳閣には、現在も金箔瓦が使われています。信長が「いつか高転びに転んでしまうだろう」と言ったことで有名な安国寺恵瓊の手によって築かれたのが千畳閣です。秀吉時代のものですので、文様の凸面に金箔が貼られています。遠くから見たら、文様部に貼ってあることは解りません。拡大すれば、どの部分に金箔が貼られていたかは解ります。

現在、普通の街中で金箔瓦が葺かれていたら、私たちの目にはどう映るのでしょうか。今日みたいにいいお天気でしたら、ぴかぴか光って、非常によくわかるとは思われます。でも、現代は真っ白なコンクリートとか、ガラス窓とか、いろいろな物が太陽に反射して輝いています。金箔瓦も、その中の一つの輝くものでしかなく、そんなに目立たないのではないでしょうか。

ただ戦国期では、瓦を利用する建物そのものが少なく、お城かお寺しかありません。瓦葺き建物というだけで、遠くからでもすごく目立ったと思います。その瓦にさらに金箔が貼ってあるなら、相当な視覚効果があったのではないでしょうか。遥か遠くからでも「何か光っているぞ」と、いま私たちが感じる以上の視覚効果を持っていたと理解されます。

江戸時代の始めのことになりますが、加藤清正の江戸屋敷の屋根の金箔瓦があまりにもまぶしくて、魚が釣れないという苦情があったという記録が残されています。嘘か本当かはわかりませんが、当時はそのぐらい目立ったのだとご理解いただきたいと思います。

写真4　千畳閣の金箔瓦

金箔瓦を初めて採用したのは信長です。信長以前、瓦に金箔を貼るという発想はございません。ただ、みなさんご存じの金閣があります。金閣や平泉の中尊寺金色堂のように、建物に金箔を貼った事例は残されています。しかし、屋根の瓦に金箔を用いるというような奇抜な発想は、信長以外、誰も考え付かなかったのは事実です。それが秀吉政権に受け継がれて、全国に広まっていったのです。その後、金箔瓦を規制するというようなことは、徳川政権には引き継がれませんでした。

では、将軍となった徳川家はどこに金箔瓦を使ったのでしょうか。家康は、少なくとも隠居城である駿府城で使用したことが記録から判明します。秀忠については解りません。家光の代になると、日光東照宮のような御廟に使われていきます。城には使われなくなりますが、御廟に使われることで、何とか金箔瓦という形は残っていきました。当初信長、秀吉が意図した視覚効果によって、お城を飾ろうとか、シンボル的に使おうという発想は、織豊政権のみで終わってしまうということです。

したがいまして、信長と秀吉が天下を取った時代に、突如金箔を使った城が出現し、全国に普及するのですが、徳川幕府の成立と共にまた無くなっていったのです。

金箔瓦の城は、織豊政権のみに使用された、極めて政治的色彩の濃い特徴的な瓦で、その使用には細かな規制が存在していたということがご理解いただけたら、私の与えられた課題は一応終わりということになります。どうもありがとうございました。

三　天主から天守へ

木戸雅寿

はじめに

ご紹介にあずかりました木戸でございます。よろしくお願いいたします。

いま、ご紹介にありましたように、彼ら二人の方を含めまして、私も専門は考古学でありまして、本来は地中からで出てくる物を扱って、物からいろいろな実証をしていくのが仕事ですが、今日の私の役割は天主という難しい建築物についてお話させていただかなければなりません。

前者お二人は非常に最近的なビジュアルでデジタルな方法でお話をしていただいたわけですが、私の資料がアナログだからといって、私がアナログな人間だと。決してそういうわけではございません。わざと仕方なしにアナログなものでやってきております。

というのは、やはり、物として、無い物をビジュアルにここに持ってきて説明するわけにはいかないからです。ということで、私の話は概念的な話が先行してしまうかもしれませんが、そのあたりをご容赦いただきまして、焦点をいわゆる織豊期、織豊政権のなかの天主の位置付けとして、いま残っている記録のなかで、天主・天守というものをどのように理解して位置づけていけばよいかいけばいいのかというようなお話をさせていただくことになろうかと思います。

天守のイメージは?

城郭を一般の方も含めてイメージしてくださいと言いますと、おそらく多くの方が、まず一番最初に天守をイメージされるのではないかと思います。不思議なことに我々の遺伝子のなかにはすり込まれたような状況でお城＝天主として位置付けられているということが言えると思います。

では、みなさんがそこではいったいどんな天主の姿形をイメージしているのかを考えてみますと、それはおそらく高い石垣の上に立っている何階にもなっている白亜の建物、そんな風にたぶんみなさんはイメージされているのではないかと思います。

ところがいったい天守とはいったいどう言う意味で作られ、それが何なのかということを、理解できている人はなかなかいない。天守がどういう成立過程を踏んでできてきたものなのかということを、お話いただけませんかというような話になりますと、これをなかなかうまく説明できる人は少ない。

実は今の城郭研究の分野の中でも、天守の研究はある意味、混とんとしている部分があり、そのような状況が続いております。いろんな仮説が立てられたりして、資料で証明しようという研究者もたくさんおられるわけですが、われわれも織豊城郭のなかでの天主・天守を考えていくと、実は壁に突き当たってしまう部分が多々あります。

人気の天守

ためしに、ここでちょっと、みなさんに協力していただきお聞きしたいと思います。それでは、まず頭のなかに、自分の一番好きな天守の姿をイメージしてみてください。

では、お聞きします。世界遺産の姫路城だという方、手を挙げてください。（挙手）

ああ、三割、いやもう五割に近いですね。ということで、おそらく日本人の多くの方は、一番最初に姫路城をイメージされるということがわかりました。

実は、この天守は慶長十三年（一六〇八）建造の天守であると建築では位置付けされています。

ちなみに、ここは滋賀県ですので、イメージした城が国宝彦根城だという方、手を挙げてください。ああ、これでほとんど九割の方になりました。彦根城は慶長十一年の建造と言われております。姫路城の少し前に来るお城ですね。これらはいずれも、江戸時代の天守です。

意地悪な質問

それでは、これからちょっといじわるな質問をしてみたいと思います。残りの方で大坂城だという方。ああ、二人いらっしゃいましたね。じゃあ、その方にお聞きしますが、イメージされたのはどの大坂城でしょうか？　ひょっとして、いまの大阪城？　はい、ありがとうございました。

ご存じのように、今の大阪城は、実は豊臣段階の城を徳川幕府が石垣ごと全てを埋めまして、そのあとに城を造ったものですが、そこに昭和六年に復元されたのがコンクリートで建てられた今の大阪城です。ひょっとしたら、徳川段階の大坂城や秀吉段階の大坂城を図や絵で見られていて、それをイメージされたのかもしれませんが。おそらくそれらは、イラストとして描かれたものので、誰かの復元図を基にしたものだと思われます。

われわれが知る資料としては、今回の展示でチラシや図録の表紙にも載っている屏風や『大坂夏の陣図屏風』『大阪冬の陣図屏風』に出てくる大坂城の天守がありますので、豊臣段階の天守の姿というのは、おそらくこんな感じではないかと考えられるかもしれません。

しかし、ほんとうのところは、秀吉段階に建っていた大坂城を知る人は、このなかには誰一人としていないはずなのです。まさか、いないですよね。当然のことです。われわれには見ることはできません。いま無いのですから。

それでは、さらにもう一つ意地悪な質問をしてみたいと思います。安土城をイメージされた方。

ああ、いらっしゃいましたね。お二方もいらっしゃいました。とても、ありがとうございました。予想どおりです。

秀吉の大坂城は天正十一年（一五八三）に建てられました。安土城はそれ以前の天正四年ですが。天主が完成したのは天正七年です。そのことが『信長公記』に出てまいりますので間違いないでしょう。そして、焼失が天正一〇年。これも確実です。この三年間にしか安土城の天主はこの世には存在していないのです。

いま手を挙げられた方の頭のなかに浮かんだ安土城の天主は、この天主でしょうか？どんな天主なのでしょうか？　ひょっとして、それは内藤昌先生の天主であったり、あるいは宮上茂隆先生の天主とか、三浦正幸先生の天主であったりしていませんか？　残念ながら、これらの天主は決して織田信長が建てた天主ではありません。そういうことを、まずここでは認識していただきたいと思います。

安土城の天主を知る人は誰もいない

先ほども申しましたように、安土城の天主はわずか三年間しかこの世に存在していないのです。おそらく当時の交通距離感や時間観念からいきますと、安土城を見に来ることができた人は、どれくらいの人数だったでしょうか。当時の多くの日本人も、安土城の天主なんて、名前は聞いたことがあっても見たことはとても少なかったということです。

当時、一番日本の遠方から来た人は、青森県の南部さんでした。この人はわざわざ安土城の天主を見に来られている。でも、当時はもちろん写真もビデオもありませんので、見たからと言ってそれを記憶にとどめることは出来ても、立体的に記録し、帰ってみんなに見せることは不可能なわけです。たとえ描き残すとしても、断片的な姿にしか描き残せないでしょう。例えば、二次元的な絵として描くくらいが精一杯。その良い例として一番よいものは、いま安土町で探しておられる狩野永徳が描いた『安土山図』なわけです。それでもかなりの情報が得られることは間違いがないですが。したがって、当然、江戸時代の人も見たことがないし、今の私達も見たことがない。私たちが知っているのは、現存一二天守だけです。もしくは古写真に残された幕末の天守。古絵図に描かれたで江戸時代の天守の一端を知っているというしか過ぎないわけです。

いまの大阪城が好きだという方もおられますが、昭和初期にコンクリートで建てられた天守という意味においては、これは非常に価値があります。しかし、城郭史としては、全く何の価値もない。基本的に、われわれはこういう状況の中にいることを前提として、まずは話を進めさせていただきたいと思います。

「天主」という文字

今日のテーマは「信長の城・秀吉の城」ですので、それではまず、信長の天主から考えます。先ほども申しましたように、この時代の天主の姿形は描き残されたものがありませんのでよくわかりません。そこでまず、記録としてどういうものが残されているのかというところから、スタートしようということで、言葉の起源について説明させていただきたいと思います。

表1　文献に現れる天主・天守一覧

年　月　日	用　語	城　郭	文　献
天正10年6月2日	御殿	二条	兼見卿記
天正11年5月7日	殿広間	長浜城	兼見卿記
弘治4年11月2日	天主	清洲城	信長公記
永禄7年9月28日	天主	堂洞城	信長公記
元亀3年12月24日	天主	坂本城	兼見卿記
元亀4年3月11日	天主	高槻城	兼見卿記
元亀4年4月21日	天主	二条城	兼見卿記
元亀4年6月28日	天主	坂本城	兼見卿記
元亀元年11月21日	天主	小木江城	信長公記
天正元年11月4日	天主	若江城	信長公記
天正4年3月4日	天主	安土城	兼見卿記
天正4年4月朔日	天主	安土城	信長公記
天正4年11月3日	殿守	安土城	信長記
天正5年10月10日	殿守	信貴山城	信長記
天正5年10月10日	天主	信貴山	信長公記
天正5年10月1日	天主	片岡城	信長公記
天正5年6月5日	てんしゆ	安土城	羽柴秀吉自筆書状
天正6年11月28日	天主	大矢田城	信長公記
天正6年12月1日	天主	大矢田城	信長公記
天正6年7月25日	天主	神吉城	信長公記
天正6年正月1日	殿守	安土城	信長記
天正6年正月12日	てんしゆ	安土城	天王寺屋会記
天正7年10月24日	天守	伊丹城	織田信長長刻印状
天正7年10月27日	天守	伊丹城	織田信長長刻印状
天正7年10月28日	殿守	安土城	天王寺屋会記
天正7年10月晦日	天守	井戸城	多聞院日記
天正7年5月11日	天主	安土城	信長公記
天正7年正月11日	殿守	安土城	天王寺屋会記
天正7年正月11日	殿守	安土城	天王寺屋会記
天正8年3月20日	殿守	安土城	信長記
天正8年正月14日	天守	安土城	天王寺屋会記
天正10年正月20日	小天主	坂本城	兼見卿記別本
天正10年正月20日	天主	坂本城	兼見卿記
天正10年正月朔日	殿守	安土城	信長記
天正10年6月15日	天主	坂本城	兼見卿記
天正10年6月3日	天主	安土城	信長公記
天正11年4月22日	天主	郡山城	多聞院日記
天正11年4月24日	天主	北庄城	兼見卿記
天正11年4月24日	天主	北庄城	羽柴秀吉朱印状
天正11年4月24日	テンシュ	郡山城	多聞院日記
天正11年4月25日	天主	北庄城	羽柴秀吉朱印状
天正11年4月25日	天主	北庄城	羽柴秀吉朱印状
天正11年4月26日	天守	北庄城	羽柴秀吉朱印状
天正11年4月26日	天守	北庄城	羽柴秀吉朱印状
天正11年5月15日	天主	北庄城	羽柴秀吉朱印状
天正11年5月15日	天主	北庄城	羽柴秀吉朱印状
天正11年5月15日	天守	北庄城	羽柴秀吉朱印状
天正12年3月25日	天主	山崎城	兼見卿記
天正14年正月13日	天守	長浜城	羽柴秀吉朱印状
天正18年5月14日	てんしゅ	石垣一夜城	豊臣秀吉朱書状
文禄3年3月18日	天守	淀城	駒井日記
文禄3年3月20日	天守	淀城	駒井日記

ちなみに安土城は「天主」と書きます。多くの本に書かれているように、この事からも安土城の天主から「天守」が成立したのではないかと考えている人が非常に多いです。しかし、いろんな文献にあたっていくと、実は安土城が天正七年につくられる以前にも、この「天主」という言葉が文献上に出て来ることがわかります。

それから、安土城の天主を示す違う言葉として「殿主」と書かれているものもあります。安土城天主を指すこの言葉は、たとえば『宗及茶会記』や『兼見卿記』に出てまいります。

次に安土城以前のものとして文献に出てくる表記では、いったいどういうことが書かれているのかということを少し調べてまいりました。

図録の後ろの本文編のところにも書いておきましたが、探せば、たぶんもっとあると思うんですが、だいたいこの様な感じです。たとえば、『信長公記』でいきますと弘治四年ぐらいあたりから、すでにこういう「天主」という言葉が使われております。

この「天主」という言葉尻をとって、例えばある研究者は、「安土城以前に、安土城と同じものがすでに成立していた。だから、安土城が一番古い天主ではないんですよ」というようなことを論文に書かれている方もいらっしゃいますがそれは間違いです。

字は同じでも姿形は違う

ところが、なぜそうなるかという説明も、これはなかなか難しいわけなのです。例えば、先ほど申しました弘治四年の清須城のところですと、「清洲北矢蔵天主次の間」と書かれていて、また永禄七年の堂洞城では「天主構へ取入り」、坂本城ですと「城中天主作事以下…」というような表記で出てまいりまして、とても、これらの文章表記だけでは、安土城の天主と同じような、五層七階で、金箔瓦で葺かれていた建物とは考えがたいのです。安土城天主のようなこととして実際に書かれている様なところは一切出てこないわけです。例えば、有名な松永久秀が多聞山城の上に天守を建てていたという説も天正五年の記事を読むと「高矢倉、四階ヤクラ」と書かれており、このヤグラも織豊政権下で原田が建てた可能性もあり天主とは言えない。他にも幾つか「天守」という建物があったと記録には書かれていますが。それが安土城のような五層七階建で金箔瓦を葺いた建物だったというようなこと、外観がこんなだったとか、中はどうだとか、どういう使い方をしたというようなことは一切書かれていない。書かれてあれば、そのことで、すでに安土城以前に同じものがすでに成立していて、それを認めざるを得ないかなと考えるわけなのですが、残念ながらそういうことは一切ないということです。

安土城以前の天主

安土城以前の天主について書かれているこれらのことを総合すると次の四つのことが言えます。

一つ目は、いずれの建物にも座敷の間があるということです。

二つ目は、その建物は二階建てのように階上になっていること。一階、二階、もしくは三階、いわゆる一階以上ですね。ただし、何階まであるかということは書かれていない。

この文献の階上という書き方でいきますと、三階以上ではないと私は考えています。おそらく一階、二階ぐらいの建物であろうということです。

それから、三つ目は、城主がその座敷で居住まいをしているということです。住んだり食事をしている表記が多々見られるからです。

四つ目は、最後はそこで火をかけて、城主が討ち死にをしているシーンがいくつか見られることです。安土城以前の天主の姿はこの四つの形に絞られるということです。そういう使い方をされた建物が、安土城以前、永禄年間から天正七年頃にすでに多くの城郭のなかで施設として芽生えていた。すでにお城のなかで位置付けられようとしていたということが大切です。

城郭施設の変革

これはおそらく石垣や瓦を城郭に導入しようとした時の状況と一緒だと思うのですが、お城の使い方のなかで、城主がそれまでの戦闘を目的とした城の使い方から脱却して、城を城主の居住空間として認識し、そういう場を城のなかに持ち込もうとしていたという結果ではないかということです。この記録の中からはそう読み取れるのではないかというふうに理解をしています。

ですから、安土城天主以前では、五層七階のような塔式の建物で金箔瓦が葺かれていたような建物が、当初からあちらこちらに存在していたのだというような論理については、非常に難しく、ありえないのではないかと思っております。これは、我々がそう勝手に思いたいという妄想であることを、記録は示しています。

安土城以前の「天主」の理解

それでも、織豊系政権以前の城郭で、この「天主」という言葉を、なぜ使ったのかということは謎です。それを導き出すのは非常に難しい。クリアな答えがないのですが、おそらく「殿主」という言葉が先だと思われるのですが、それが城主の居住空間としての建物を「天主」というような名前で呼び代えていくというような意識が、この織豊期以前にすでに始まっているということです。とりあえず、それを安土城以前の状況としてワンポイント考えて位置づけておけばよいかなと考えています。

たとえば、こういう事です。お城が戦闘を目的とするだけの山城から発展して、少し戦国的な城郭へと生まれ変わろうとしています。城の中にはさまざまな施設として建物が生まれようとしていくときです。そこで考えられる重要な施設は、おそらく一つは人が居住まいをする殿舎、もうひとつは防御施設としての櫓です。あとは門と塀くらいですので、建物施設は大きくはこの二つに絞られてくるのではないかと考えられます。殿舎は普通平屋です。櫓は二階建てです。

つまり、この平屋の御殿を当時の人が「天主」と呼べばそれは「天主」であり、櫓形式の物を

「天主」と読んでいたとしたら、それが「天主」になるということです。

「天主」という言葉を考える

さて、「天主」という言葉を考えるにあたって、「殿主」という言葉を先に考えると理解しやすいかもしれません。安土城の天主にも「殿主」という言葉が使われているということは先にも説明したわけですが、本来、この「殿」というのは、建物を示します。本来は「殿主」ではなく、その逆で「主殿」なのです。例えば南殿、大極殿などというように、殿というのは、建物そのものを指し示しているわけです。したがって、「主殿」は、主なる建物の事です。南殿は南にある建物、大極殿、紫宸殿は、建物の名前です。そういう意味ですね。

この殿が、いずれのころからか建物よりも、その建物の住人、所有者に重きを置くようになるのではないかと考えています。つまり主《あるじ》の建物だというふうに転化していくのではないかと私は考えます。「主殿」→「殿主」→「天主」という風に。そういうふうな性格のある建物でも、特に戦国時代永禄頃から、天下を目指す武将の居住空間を「天主」と呼ぶようになった。そうしようと誰が提唱したのかはわかっていませんが、きっと始めた人がいるはずだと思います。

このことは、これからもたぶん謎になると思いますので、みなさんもどこかでそういうふうなことを考えながら、私が今日お話したような文献をぜひ探していただきまして、この織豊期以前の天主の用語の問題について解決をしていただきたいと思います。

とりあえず、安土城以前の天主の問題については、用語の事例から見て安土城以前の城郭のなかにそういう性格の建物が萌芽しようとしていたということで、この話は置いておきたいと思います。

信長、安土城天主を建てる

それでは次に、そういう状況のなかから生まれた新しい「天主」の話です。織田信長は安土城の石垣普請を天正四年から始めます。石垣の話は先ほど乗岡さんがされましたように、寺院にあった、おそらくこの近江周辺の地域、もしくは近畿圏一円の寺院勢力のなかから、そういう技術力を持った方々を全員徴集しまして、さらに一気に技術革新を含めて行い、この安土城の山を総石垣の縄張りに変えていっただろうと私も思っています。

その中心部となるところに、信長が当時天主と呼ばれていた建物のニューバージョンを建てるわけです。その結果、地下一階、五層七階建ての日本で初めての城郭としての高層建物が建つわけなのですが、先ほども言いましたように、この建物は、「天主」という字は同じ、たぶん機能が同じだからだと思うのですが、字が一緒でも、その建物の構造は、いわゆる萌芽期の「天主」建物と安土城の「天主」建物は、外観は一切違うものとして造られたということです。まったく違うものとして、信長は造った。彼は当時の技術の粋を集めて、集約して、自分なりの理解のもとに安土城天主を建てたのだろうと考えられます。

ですから、安土城を見ることによって、この建物で信長が何をしようとしたのかがわかるのではないかとも考えられます。ということで、次のお話は安土城の天主を考えるということになります。

安土城の天主を考える

安土城の研究、それから織田信長の研究をされている方は、一度は通読をされたことがあるとおもいますが、安土城天主の事は、『信長公記』『信長記』とかに書かれています。とくに有名なのが「安土城御天主の次第」という文章になります。

すべての研究者は一番大元の研究資料として、これをもとにして研究をしていますので、まずこの文章を見ていくこととします。

当然、これは文章ですので、ここには一切、絵とかは描かれていません。あるのはこの文章だけです。ここに書かれていることは次のことです。まず「石くらの高さ」。石くら＝石蔵というのは石垣のことを示しています。簡単に言うと天主台のことを示しています。天主台の高さと広さが最初に書かれています。次に石蔵のなかに地下室があったことが書かれています。地下から次に一階フロアーがはじまって、一番上の七階までの様子が、この文章のなかには書いてあります。それから柱の数、部屋割り、大きさ、部屋の名前と続きます。部屋の名前は、ご存じのように襖の画題で部屋の名前が決まりますので、そういう書き方になっております。全部詳しく説明をしていると、それだけで終わってしまいますので簡単に説明します。

天主の各階の部屋の画題

この文章を整理したのが、この図1になります。一階が、例えば水墨画の梅、雉、鶏のような花鳥画を書いた部屋があったと書いてあります。それから二階に行きますと、仙人、賢人とかの故事が出てきまして、花鳥の間があったりします。さらに三階に行きますと、松竹梅みたいな画題が出てきます。あと鳳凰、龍虎みたいなものが出てきます。そして、四階はなぜか絵がない。これは私は「無」ではないかなと理解しているのですが、五階に行きますと、釈門十大弟子、釈迦説法図とか、いわゆる仏教思想ですね。それから六階に行きますと、三皇五帝、孔門十哲などの、いわゆる儒教、道鏡思想の部屋が続く。もう一度下から簡単に言いますと、花鳥風月、山水、和画、そういうもの。それから仏教思想、儒教思想、道教思想、のように、順繰りに襖の画題に書かれて、その部屋を廻りながら上に上がっていくというようなスタイルになっています。

おそらく当時の人はこれをみれば、故事をよくわかっているので、「なるほど。ここの部屋には太公望の故事が……。」ということになるわけですね。信長はこのような間取りをした建物を建てたのですが、これは信長の思想を知るうえでは、非常に大事なことではないかと私は考えております。

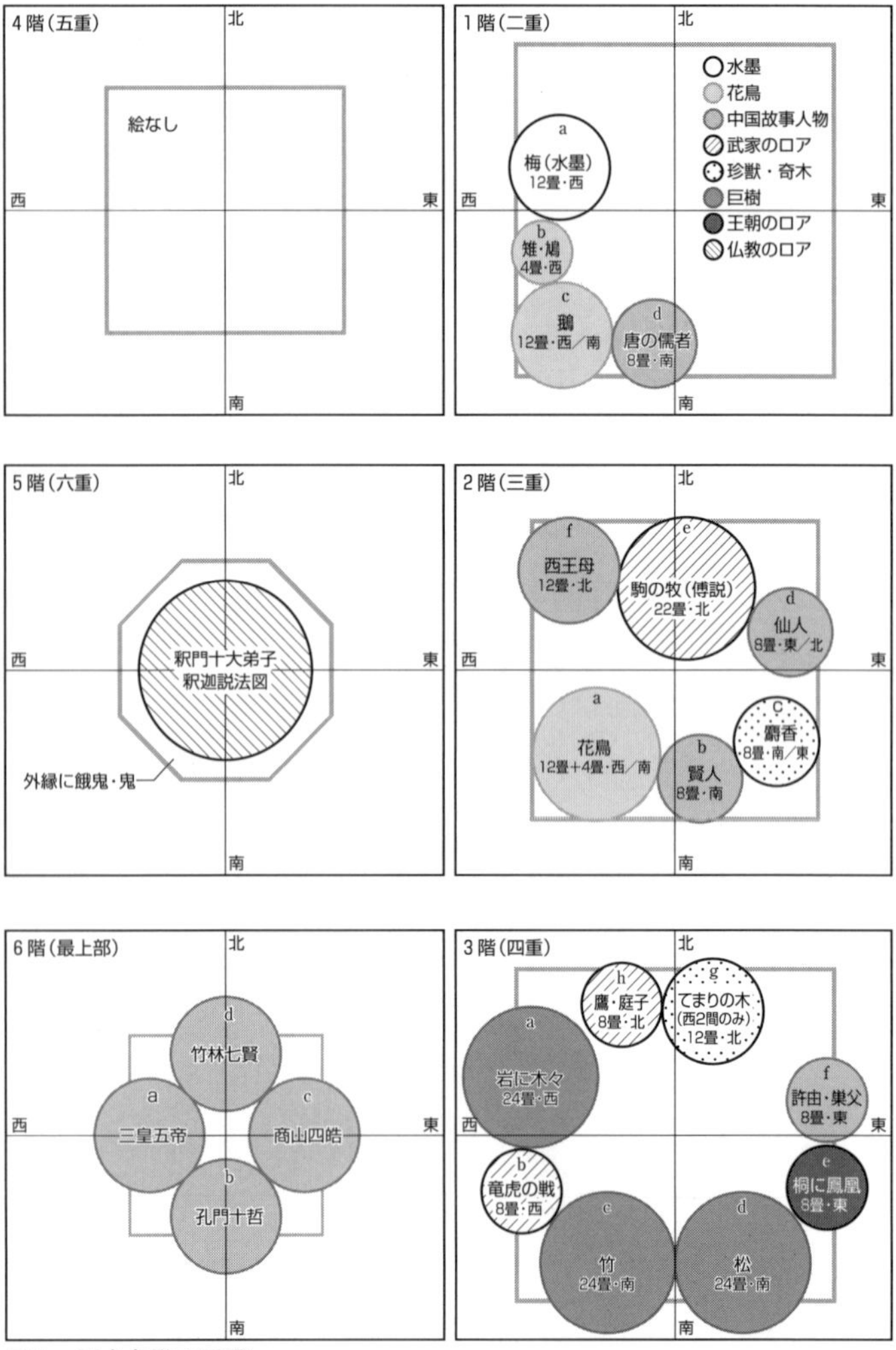

図１　天主各階の画題

『朝日百科歴史を読みなおす１　安土城の中の「天下」襖絵を読む』（朝日新聞社）より転載

信長の考え

世に信長は無神論者であるとか、狂気的・病的な人間であるとよく言われることがあるわけですが、私は全くそのようなことを思っていません。少なくともこの建物を見る限りそのようには思えない。数々の行いはあるにしても、一方では自らが一番最初に変革して建てた建物、自らの居城の居住空間としての天主と呼ばれる特異な建物の部屋の間取りをこういうふうな意匠にしていくことについて信長はおそらく指示を出していると考えられるからです。自分はOKだと認めているわけですから、こういうものに対する理解がしっかりと彼のなかでできていなければならないと考えます。嫌なもので埋め尽くすような自分の家を普通は造りませんよね。

ま、人によっては、彼がその一番上に座って、その上からその思想を全部押さえるのだという事を目的としていると、いうようなひねくれた考え方をされるような人もいるかもしれませんが、私は、信長の天主は、彼自身がその時に考えられた最高の物として造った、そういう理解をしっかりして、彼は位置付けて造ったと、この文章からそう読み取れるのではないかと考えています。

ただ、これはそういうふうに読み取れるのではないかということだけで、信長が、「俺はそう思うと、そういうふうにしてつくりましたよ」ということを、どこかの文章に書いたわけでは、まったくないので、すべては彼の頭のなか、彼の心のなかだけに存在をしているものでありますから、私の心情であって、彼の心情を理解したことにはならないかもしれませんね。

部屋の画題に特別な物はない

次に、天主から少し意識を外しまして、これを当時の様子に照らし合わせて考えてみましょう。そうした場合、安土城天主がほんとうに特異なのかどうなのかということですね。周囲の状況を見てみるとよく分かるのですが、実は全然特異でも何でもないのですね。まず、京都のお寺を考えてください。みなさん、京都のお寺を拝観されたことがあると思いますが、特に室町文化の浸透したようなお寺に行きますと、こういう画題の部屋っていくらでもある、今でもいっぱい見ることが出来るわけです。

京都の公家衆とかお寺なんかは、こういうものに対する理解をしっかりと持って部屋を造っている。信長は室町文化のスタイルとも言える御殿の間取りとしてお寺にあったものを、自分の建物に持ち込んだ。一つだけ違うことは、なぜか彼はその平面形態を組み替えて、縦に積んでいくことを考えた。立方体にしたのです。違うことといえば、ただそれだけのことというふうに理解できるのではないかということです。当時、平面であった御殿形式になったものを、彼は部屋をばらばらにして順番をかえてピラミッド風に上に積み上げたのが、彼の天主という居住空間である。逆に、これを立体にせずに平面に置き直して、伸ばしていくと、おそらくこれは江戸城の書院のような建物になるのではないかと考えられます。

問題は塔という形

そういう意味では、中身の構造よりは、いわゆる塔という外観スタイルにこそ変革を見ることができるのではないでしょうか。突然に非常に大きな建物が城に生まれたという理解がよいかもしれません。ただし、部屋のなかの構造は純和風です。畳の間がある。板の間がある。納戸がある。床の間がある。そういう部屋が縦向きにつくられただけのことでありまして、何ら変わりがないということだけは再度申し上げておきます。

じゃあ、なぜ彼は縦向き、塔の形に御殿をつくったのでしょうかということです。そこが一番のポイントになるのではないでしょうか。塔にするということが、彼にとって、非常に大事な意味合いを持っていたのではないかなと思われます。建物は平面だとなかなか遠くから見えないですね。ところが、塔にすることによって遠くからでも、また遠くも見えるということです。

例えば、地方で一階建て、二階建ての純和風の建物しかなかったところに、ある日東京の不動産屋さんが来まして十階建て以上のマンションをいきなり建てたら、どのような感じに見える、感じるでしょうか。おそらく当時の人にもそのような感じに思えたのではないでしょうかということです。

その屋根に、例えば金箔瓦が葺かれていて、金箔の鯱が載っている。そういう異様な塔は、今まで誰もみたことがない。そんな建物を建てることによって、信長は他の人とは違うことをしたのだよというようなことを家臣も含めて城下の人々に見せる。それから国外から来る人にもそういう彼の考え方、彼の理解を見せたのではないかということを考えるわけです。そういう意味として、信長の天主という建物は、非常に意義があったのではないかということです。

安土城天主をイメージする

それでは、もう少しその大切な外観について見ておきましょう。これも、なかなか知る手だてがないのです。残されているのは、これも文章なわけですが。例えば『耶蘇会士日本通信』のなかに書かれていることです。「山の頂上は甚だ堅固なる壁をもって囲まれ、その中に主城あり、信長の宮殿と称すべき七階を有し、その部屋数は多い。壁は頂上の階の金色と合うよう塗りたる以外は、ことごとく甚だ白く、太陽を反射して驚くべき光跡をはなせり」、また、「瓦はポルトガルの瓦に等しいが、バラまたは花に金を塗りたるがごとし」ともあります。こういうような文章で出てきます。『イエズス会日本年報』におきましても「塔は」と書いてあります。やはりヨーロッパ人もあれは塔だと思ったんですね。「中央に一種の塔があって、そのかたちはわが国の塔よりも壮大である。塔は七層楼で内外ともに驚くべき構造である。内部の彫刻はことごとく金で巧みに色彩を施してあり、外部は各層違った色で塗り、あるいは白色。日本風に黒漆を塗った窓もある」というようなことが書かれています。さらに、「柱、朱または青があり、最上階は金である。屋根瓦はもっとも堅牢なる青瓦で覆い」ということや、「屋根は青い、それから柱

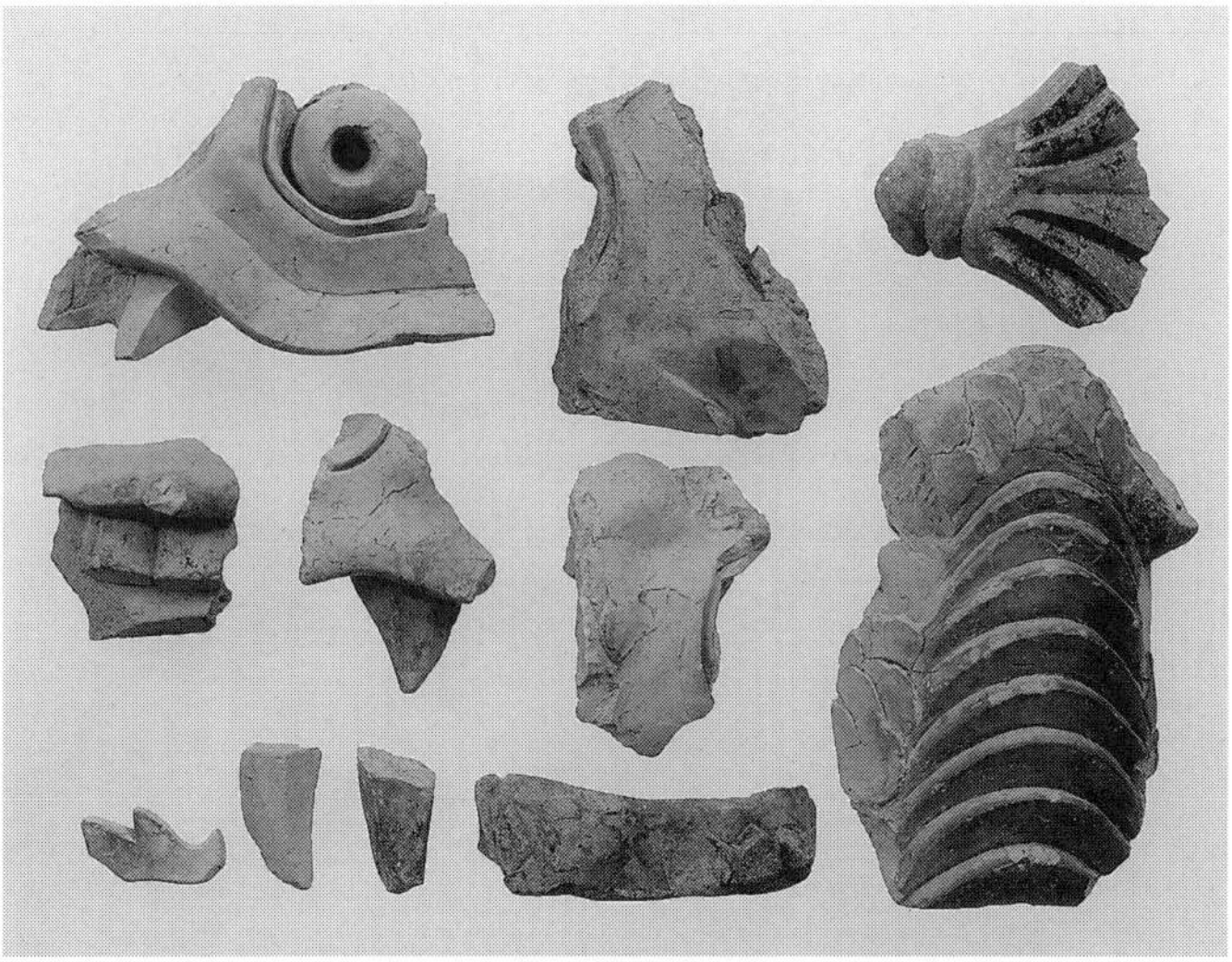

写真１　伝米蔵出土金箔鯱瓦（滋賀県教育委員会蔵）

は赤もしくは青。場合によって、階によって黒色をしている場合もあるが白壁のところもある」というようなことが書かれている。で、だいたいですが、おぼろげに頭の中には、なんとなくこんな感じかなというような姿が涌いてきませんか。しかし、それはイメージだけで、何となくの姿がわかるだけで、それ以上のものは一切わからない。実は性格にどんな形をしていたのかはわからないということです。

　われわれが考える場合、先も言いましたように、せいぜい大坂城の絵図から見ると、これだったら、ひょっとしたらこんなものかなという感じくらいです。

　ただ、安土城の天主台の形は、江戸時代の四角い形とは違い八角形をしているという特徴がありますので、そういう矩形の石垣の上に立つ天主で知っているものとして類例としては、図録にもある絵図のような岡山城（口絵2頁）があります。たぶん、きっと安土城の天主はこういう形をしていたと思いますね。これ

写真2　黒鉄門南斜面　伝米蔵出土桐紋瓦と菊文瓦（滋賀県教育委員会蔵）

写真3　黒鉄門南斜面　伝米蔵出土桐文瓦（滋賀県教育委員会蔵）

写真4　伝米蔵跡出土金箔瓦（滋賀県教育委員会蔵）

がおそらくもっとも近いものでいいだろうなという気はするわけですが、まあ、ほんとうの安土城天主というのは、幻のままでもいいかなという気もしていますが…。

安土城天主の意義

このように信長は、天守台という高い石垣の上に塔式の大きな建物を建てた。それを金銀で飾った。瓦も金で飾り、建物の中には御殿の部屋を縦向きに積んだ。そういう新しい塔スタイルの御殿をつくりあげた。そして、その部屋の画題には宗教的な概念を非常に重んじてつくらせた。そして、彼は『信長公記』に書かれているように、その上に登り、さらに人を招き入れてその建物を見せた。家臣には入場料をとって観覧させている。そこにはそういうようなことが書かれています。ですから、天主の意義を考えると、一つは、彼の生活の場というのは絶対おそらく間違いがないであろうと考えられるのですが、二つ目は、政治をする場ということも間違いがないかもしれません。三つ目は見せると言うことです。これには大きなセレモニー的意味合いがある。私がいつも言っていますように、実は安土城築城以前に、信長はすでに正親町天皇と誠仁親王を行幸させるという約束をしておりまして、それを目指して安土城をつくったということは明白であります。記録をたどっていきますと、おそらく天正十年の夏か秋ぐらいには正親町天皇がここに来たのではないかということが推測されます。

そういう意味合いから彼は天皇家をここに迎えるにあたりまして、それを誇るために、家臣や周りの人々に見せたと考えられ、彼らしい雰囲気のある自分がつくったものを見せたいという意味です。そういう風な形としてもこの建物を利用したのではないかということです。いわゆる天下布武の中での、彼なりの物の示し方というのか、権力の具現化、示し方だったのではないかというふうに理解してはどうかということです。そういう意味では、この信長の天主は歴史の中で定点的に考えるべきで、安土城だけもの、一点ものとして理解するべきものではないかということです。

信長政権下の天主

信長段階の金箔瓦は血筋の人にだけに分け与えることがわかっています。信長の場合は親族だけですね。長男と次男と三男、そういう人に分け与えています。家臣には分け与えることはしません。では、天主はどうなのでしょうか。信長は安土城が出来て以降は安土にいるわけですが、その直前に岐阜城を建てております。

問題は、この岐阜城に天守があったかどうかです。大方の方は信長段階に、もちろん天主があったと考えられています。しかし私は本当にそうなのかどうか疑っています。フロイスの『日本史』でも、御殿の様子は書かれていますが、その位置がどこで、どんな建物かは明記されていません。本当に、天主台のあるような、金箔瓦を葺いてあるような五層七階とか四層六階というような天主がほんとうに建っていたのかどうなのか。そういうところがキーポイントになるわけですが、いまのところ正確なことは、調査が進まないとちょっとわからないですね。後に天守が建てられるのは確かです。そういう意味で、長男の城は、「?」です。で、次男の松ヶ島城はどうか。天主台は一応絵図には描いてあるので、これを信ずるなら、天主があったということになる。でもあったかどうかはわかりません。それから、三男の伊賀神戸城は天主があったかどうか。間違いないのは、甥の信澄の大溝城には天主台が残っていますので、天主があったことはわかります。ですが、あったということがわかっても、その天主が、安土城のような天主であったかは、上屋が失われているので、われわれにはさっぱりわからない。信長がつくったこういう塔形式のきらびやかな天主で、中に座敷が非常にたくさんあって宗教性を重んじた建物として、その天主が建てられているかどうかということは、いまのところはっきりと証明するものがない。現状はこんな様子です。おそらく、このあたりが次の研究の焦点になるのではないかなと思うわけです。信長段階の血筋の天主がはっきりしたら信長の一点ものなのか、自分の血筋にも同じような天主を与えているのかどうかということが、はっきりしてくることでしょう。このあたりまでが、せいぜい織田期の天主について考えられる精一杯なことではないかと思います。

それ以外に考えられることとして、京都でも信長は、武家の御城とか、信長の屋敷、信長の新城のような城郭施設をつくっています。そのなかでも、いまのところ記録では二層、三層の櫓はつくったとは書いてあるのですが、明確に天主をつくったというようなことは書かれておりませんので、おそらく信長の信念のもとに一点主義でつくられた安土城はやはり安土城天主として理解していいのではないかなと思われます。

信長がもし生きていたら、この先は、この天主はどうなったのだろうかということを考えることがあります。これはなかったわけですが、家臣が増え領国が増え、血筋のものにも、さらに子どもが生まれて孫が生まれてとなったときに、信長の信念でつくった安土城はさらに変化、転化をとげ、どういうふうに変わっていったのかと、非常に思いをはせるわけなのですが、残念ながらわれわれには「たら」、「れば」ということは許されていませんので、信長段階の天主の話はここまでということにします。

信長を次ぐ秀吉

変わりまして、秀吉が信長のあとの政権を継いで天下統一へ向けて政治をおこなっていく頃の天主のお話です。発見されている瓦をみますと、秀吉段階では、色々な物、いろいろなところが粗悪品になっていくことがわかります。安土城で成立した瓦のつくり方や金箔瓦の作り方、それから石垣の高度な技術など、そういうものを信長が亡くなったあとに秀吉自身がすべて手に入れて背負うスタイルで始まるわけです。その技術者たちは秀吉が自由に使えるわけですから、そのままのスタイルで次の城づくりが一継承されてはじまっていくのだということは簡単に考えられると思います。さらに天守も建てるわけですから。天守を建てる以上、彼もそこに金箔瓦が必要であると考え、石垣が必要であると考えたということになります。瓦の問題とかは、全部あくまでも天守とひっついているものだということです。

発見される秀吉段階の城郭

秀吉自身が築城した城という意味では、山崎城、大坂城をはじめとして、聚楽第、伏見城に肥前名護屋城がありますが、それ以外にも家臣がつくった城は非常に数が多いです。最近、発掘調査でどんどん秀吉段階の城郭が発見されその数が増えてきています。今、われわれが見ている城は江戸期最後の姿としてのお城なのですが、例えば岡山城もそうです。これを発掘調査するとその下から秀吉段階の石垣が出てくるわけです。また大洲城でもいまの天守台の下に秀吉段階の天守台がすっぽりと埋まって残っていたことかわかっています。それを徳川段階で全部埋めたり壊したりして、徳川段階の天守を建てているわけです。どんどん調査が進んでいくなかであちらこちらで秀吉段階の城が発見されているのはそういうわけです。

信長の天主と秀吉の天守

その発見されている状況を見ますと、どれも非常に高い石垣で造られた四角い天守台の上に建てられている。それからほとんどが地下室である穴蔵を持っているということもわかっています。それから出土する瓦を見てみますと、金箔が使われている城がたくさん発見されます。安土城と同じような文様の瓦を使っているところがあったり、それから、桐紋や菊紋の瓦を使った城がたくさん発見されたりと、その事実だけを見ると、実は安土城天主で見られるものと何ら変わるものはない。ですから、秀吉関係の城だと聞かなければ、そういうものがなければ織田段階の城と見間違ってしまうくらいです。ただ、秀吉は信長のように血族だけではなく、それを家臣にまで分け与えている。大量生産へと変化させたのだという理解ができてしまうぐらい発掘調査の様子をみていると理解ができるわけです。

信長を継承する秀吉

秀吉がおこなった意味合いを考えますと、秀吉は信長の家臣だったのですが、結果として信長の跡を継いで一番のトップに立ったわけです。トップに立った時点で、いままで信長がやってきたことをおそらく見ていた。ひょっとしたら、考えていたことも知っていたかもしれません。それを秀吉なりに考えて消化したのが、彼なりの思いで具現化した天守です。おそらくこれが次の段階の天守ではないかと考えています。

じゃあ、彼は信長がつくった安土城のような宗教性を持った間取りを考え、そういう部屋をつくって、人を呼んで見せたりしたのかというようなことをしたのでしょうか。記録を見てみますと、人を呼んで見せたりはしているようですが、どうも部屋の使い方については少し違うようです。天皇の行幸を仰ぐことも考えていたようですが、家臣から反対され実現はしていません。彼は信長のように、そこにずっと住んでいたのではなく、住むのは御殿を建てて、そこに住んでいたのではないかと見られます。やはり、昔ながらの御殿を重視した。天守の下に、政治の場としての表向きと、生活の場としての裏向きの二つの御殿を建てていますので、使い方は、やはり少し信長のような使い方ではなくて、秀吉風の使い方をしていたんだということが理解できると思います。ですから、ここでも、実はかたちは同じものですが、使い方はやはり秀吉流の使い方をしているのですよというところが、次のポイントになろうかと思います。

全国展開していく天守

彼は全国統一の中で、四国を征伐し、九州を平定しと、段階的に軍事行動をしていきます。その過程で在地勢力にいて古くから築いていた城を取り壊させて、そこへ豊臣の有力な家臣を入れて、城造りを進めます。彼はまず、最初に築城の名士を入れるのですよね。例えば、四国伊予だと藤堂高虎を入れます。藤堂高虎にまず在地の河後森城を修築させますが、そのあと、そこではだめだとして宇和島城と今治城、大洲城を新築させる。そのようにして各地に城をどんどんと築城させていくわけです。それには織田から引き継いだ技術力を使って高い石垣をつくり、大きな塔式の天守という建築をつくるということをする。これが秀吉らしい城、織田のあとを継ぐ豊臣というものを全国につくっていくということになる。おもしろいのは、城が出来たそのあとは、藤堂高虎はぽんと放り出されてまた次の国でまた城づくりをやらされるわけなのです。出来た城にはあとからに城下町経営のうまい、治世のうまい武将を配置していく。秀吉はそういう城造りと国の支配を行っていくのです。

秀吉にとっての天守

じゃあ、なぜそういう天守みたいな建物が、そういうまちづくりとか城づくり、都市づくりの中心に必要なのかということです。たぶんこれが、秀吉が一番重要視していたことではないであろうかということです。たしかに、瓦や金箔瓦は、全国展開していく城造りに合わせて粗悪品になり、大量生産でされたものなのですが、もっとも大切なことは金箔瓦が載ったいわゆる織田の系統を引く城であり、私が正当な織田の後継者であるのですよということを世の中に知らしめるという目的が一番にあったということです。ですから、天守を使うと言うよりは、天守を万人に見せると言うことに重きを置いているということになります。全国に彼を知らしめるというようなことに天守も利用したということです。これが彼なりの利用の仕方ではないかなということです。

それはまるでコンビニのよう

例えば、道を歩いていて、ちらっと青白の看板が見えたら、○ーソンだとか、オレンジと緑の看板が見えたら、ああ、あれはセブン○レブンだと、私たちが直ぐにわかるのとおなじように、それとまったく同じです。遠くから見た城をみただけで、そのことにより、この地は在地権力から豊臣政権に支配され、秀吉がここに来て城を建てた。そういうことがわかる。元々は在所の領主がいたのですが、秀吉によって全国統一された結果として、個人経営の店から、大手の彼のフランチャイズ店になってしまったということを、民に知らしめる意思表示をさせられる。そういう誇示するようなものとして彼は天守を利用したのではないかと私は理解をしています。

このように、天守は言葉やかたちの問題と、いろいろと分けて考える必要性がある。いろんなことを少し分離して、みなさんにも考えていただかなければいけないと思っています。一元的な考え方でいくと、天守系譜論みたいなものにもなってしまいますので、こういうように同じ名前の物でも、時代と画期によって、姿形やものごとの本質が変化していくのだというところが、非常に大事なことになるのだろうと思います。

「天主」から「天守」へ

これは秀吉自身が使っている文書の中に、この言葉としてははっきりとあらわれてきます。彼は形は同じものとして継承していったが、意識の中では秀吉の物として変革していった。そのおおきな現れが、この「天守」という文字だったと思われます。彼の段階で、「天主」という言葉を「天守」という言葉に置き換えます。なぜ、これに変えたかったのか。これも正確なことはわかりませんが、結果として変わっているのは事実です。はっきりと、天正十一年以降は、この「天守」の字しか使わないと、ひょっとしたら、この字しか使わないということで規制しているのか

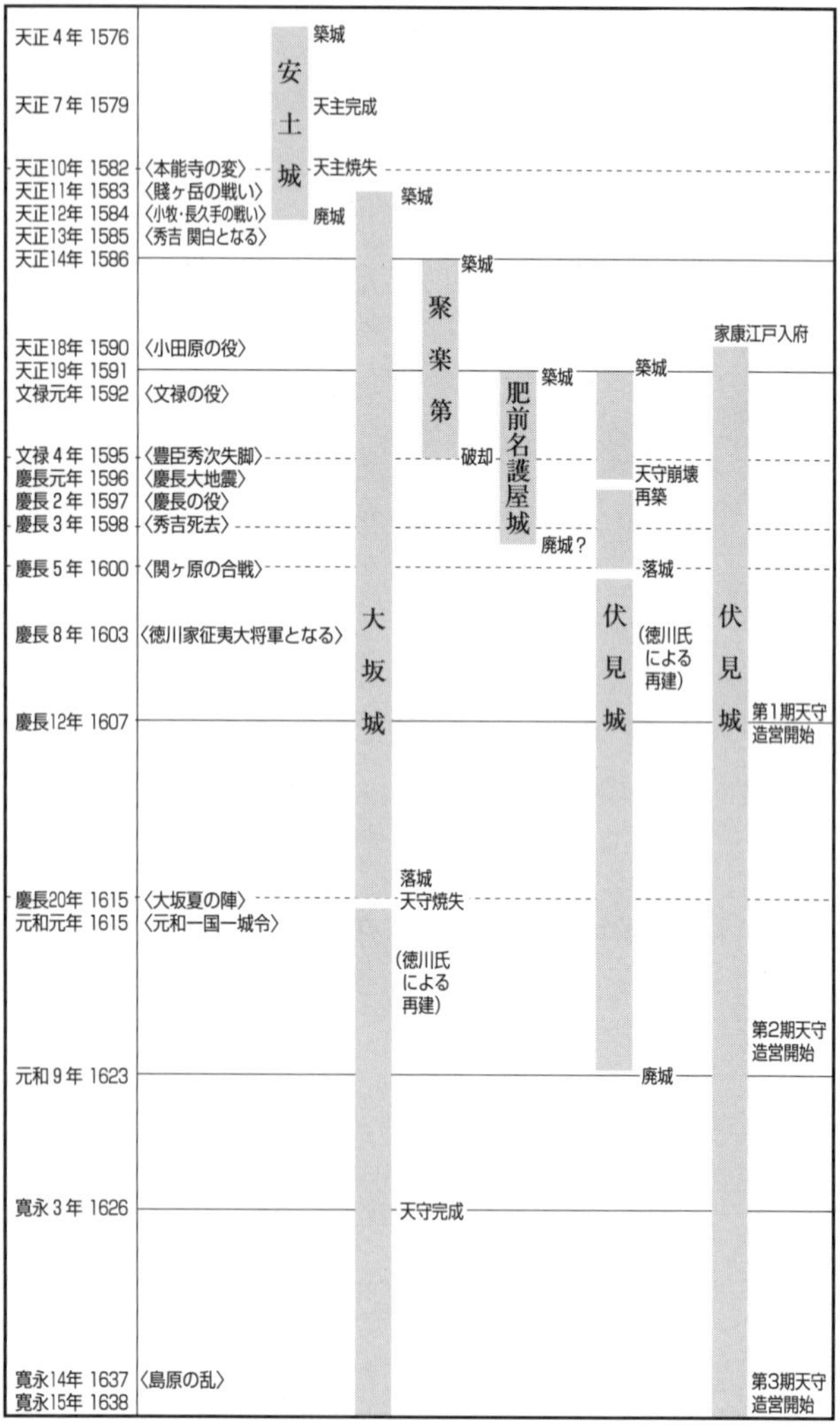

天正 4 年 1576
天正 7 年 1579
天正10年 1582 〈本能寺の変〉
天正11年 1583 〈賤ヶ岳の戦い〉
天正12年 1584 〈小牧・長久手の戦い〉
天正13年 1585 〈秀吉 関白となる〉
天正14年 1586
天正18年 1590 〈小田原の役〉
天正19年 1591
文禄元年 1592 〈文禄の役〉
文禄 4 年 1595 〈豊臣秀次失脚〉
慶長元年 1596 〈慶長大地震〉
慶長 2 年 1597 〈慶長の役〉
慶長 3 年 1598 〈秀吉死去〉
慶長 5 年 1600 〈関ヶ原の合戦〉
慶長 8 年 1603 〈徳川家征夷大将軍となる〉
慶長12年 1607
慶長20年 1615 〈大坂夏の陣〉
元和元年 1615 〈元和一国一城令〉
元和 9 年 1623
寛永 3 年 1626
寛永14年 1637 〈島原の乱〉
寛永15年 1638
安土城
築城
天主完成
天主焼失
廃城
大坂城
築城
落城
天守焼失
(徳川氏による再建)
天守完成
聚楽第
築城
破却
肥前名護屋城
築城
廃城？
伏見城
築城
天守崩壊
再築
落城
(徳川氏による再建)
廃城
伏見城
家康江戸入府
第1期天守造営開始
第2期天守造営開始
第3期天守造営開始

図 2　信長・秀吉等が築いた天主・天守の変遷

もしれませんが、そういう状況として認識できます。ひょっとしたら今後、そのような文献が発見される可能性もありますので楽しみにしていたいと思います。秀吉を境にして、「天主」は「天守」へと変わっていくということです。そのなかにおいて、姿形は似ているが、使い方が織田政権から、豊臣政権になってさらに変化していった。織田政権以前の地方の混沌とした言葉や建物の使い方から、戦国期を経て、城や建物の役割、そういったものが、政治的なことや生活の仕方の変化とともに、徐々に姿を変えて、新しい形として位置づけられていて、我々がもっとも知る、知っている天守へと近づいていくことになったのです。

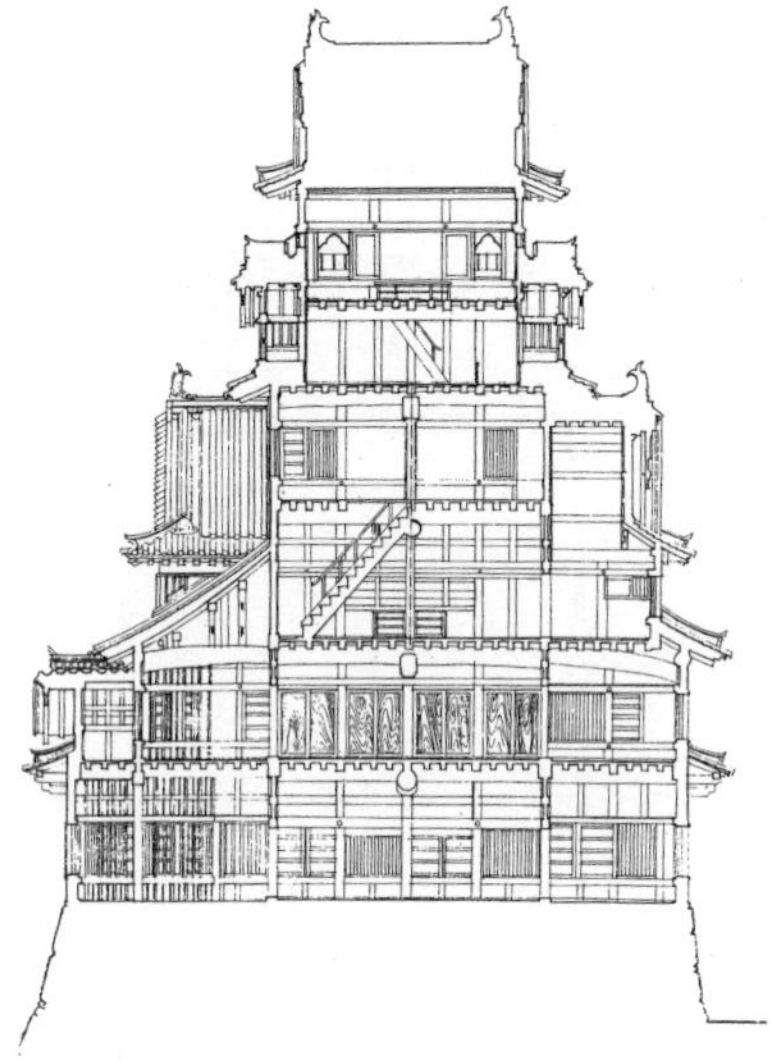

図3　岡山城天守断面図（戦災前　仁科章夫氏作製）『城の鑑賞基礎知識』（至文堂）より転載

そして、江戸時代の天守へと

今日は、江戸期の話はするなと言われているのですが、最後に江戸期の天守の話をして終わりたいと思います。最終的に徳川時代もなぜか天守は使うわけです。

わたしなんかは、織豊政権が嫌いで滅ぼしたのですから、彼らが一生懸命

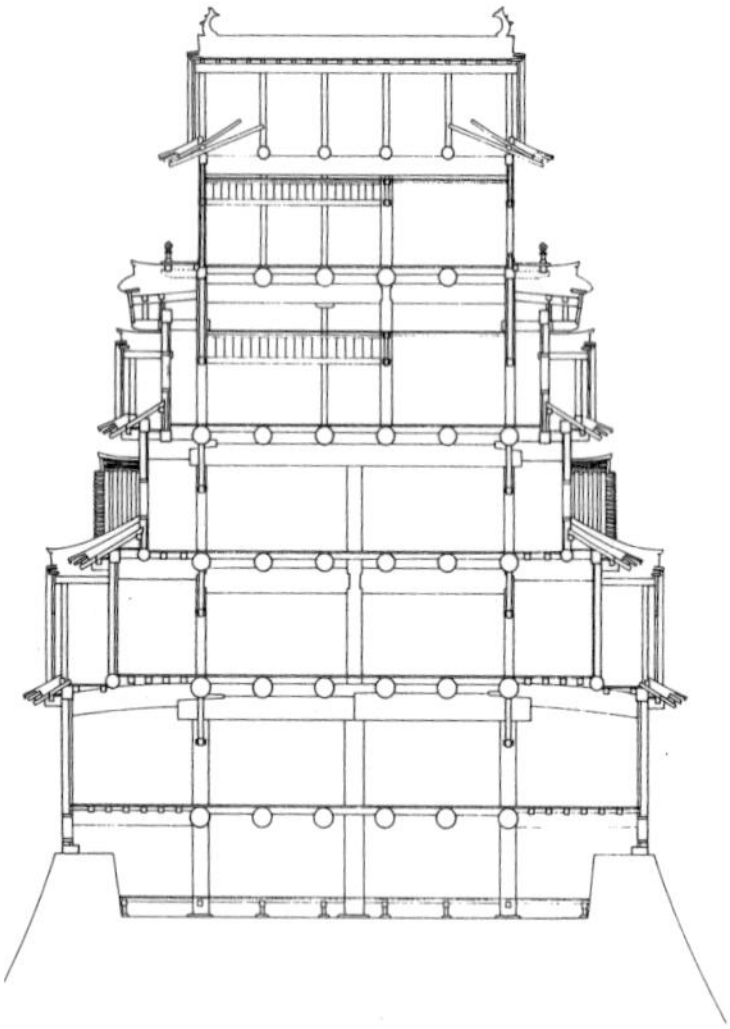

図4　福山城天守断面図（復元図　宇根利典氏復元）『城の鑑賞基礎知識』（至文堂）より転載

になっていた政権のシンボルみたいな天守みたいな建物、全然違う建物にしたらええやんかなどと考えてしまうのですが。まったく政権が変わるわけですからね。そんなものは今日限りでやめや。俺はこれでいくみたいな。でも、結論はそんなことはされず、この天守という形は江戸時代にも継承されていくのです。ただし、やはり、その中身は変化していきます。天守の中は襖も畳もない、ただの木組みのがらんどうになり、物が置かれても人は上らないようになる。これはひとつに、建物を維持するのが大変だということになることや、もっとも、天守や城そのものが個人の持ち物ではなくなり、幕府の所有物となったりして、位置づけそのものが変化していくからです。天守は最終的にそういう位置付けのものになっていくわけですが、外から見る天守の姿だけは、延々とわれわれの心の中に深く、城下の人々も含めて刻まれていくというなかで天守というものがシンボルとして残っていくということです。

おわりに

ちょうどここで時間になりました。

最後に、この間もちょっとこういうようなお話をした時に、とある一般の方からされた質問についてお話して終わりたいと思います。話はこうです。「先生、質問したいのですが、安土城はやっぱり南蛮人、ヨーロッパ人、宣教師とかに、いっぱい信長が会っているので、だから、ああいうヨーロッパ的な城になったのですね。」と。私はこう答えました。「えっ、どこがヨーロッパ的でしょうか。」、すると「いままで日本にこんな建物なかったじゃないですか。」というようなお答えが。先ほども説明しましたように、残念ながら、安土城の天守にも秀吉の天守にも何一つとしてヨーロッパ的な素材はありません。天主の内観にしても、形にしても。天皇を行幸しようとした信長です。そういう意味でも私は、彼はとてもトラディショナルな人間ではないかなと理解をしています。おそらく彼がヨーロッパのことを見聞きし、理解しあこがれていたのであれば、ここ安土で彼は、彼らしく時間の概念を超えた最も新しいスタイルとして城を造ろうとしたのではいかと考えています。その時きっと彼は煉瓦積みの中世ヨーロッパのああいう城を建てたのではないでしょうか。ぜひここで建てて欲しかったと思うわけでありますが、それはなかった。

そういうお話を最後にしまして、またのちほど楽しいお話ができればなと思います。どうもありがとうございました。

第二部　パネルディスカッション

乗岡　実

加藤理文

木戸雅寿

中井　均

コーディネーター

中井　それではこれからパネルディスカッションをはじめさせていただきます。たくさんの方に残っていただきましてありがとうございます。こうした研究会をやりますとパネルディスカッションでは帰られる方が多いので、たいへんありがたく思っています。そのぶん残っていただいたみなさまには充分に楽しんでいただける第二部にしたいと思います。

一部では、講師のみなさん、かなり緊張して、固い報告をされていたのが私はちょっと寂しかったので、ぜひとも楽しくやりたいと思います。

さて、私もパネラーの先生方も、例えば岡山市のデジタルミュージアムの職員であるとか、あるいは静岡県の中学校の先生であるとか、財団法人の滋賀県文化財保護協会の職員であるとか、私自身も米原市教育委員会の職員であるということで、それぞれ地方自治体で仕事をしているわけです。

私たち四人は織豊期城郭研究会という研究団体に所属しております。もうすでに一五年ぐらい前からこの織豊期城郭研究会という研究会を組織しまして、全国的に織田信長あるいは豊臣秀吉時代の城跡の発掘現場を見学に行ったり、あるいはそうした城跡から出土した遺物を検討するような研究をおこなっています。

そういう意味では、織田・豊臣時代の城郭の研究を、それぞれの地域だけでおこなっているのではなく、全国的な視野で見ているということでは第一人者であると自負しております。

すでに、そうした私たちの研究をご存じの方も、このなかには何人かお見えだと思うのですが、今日はこれまで培ってきたもののすべてを出し切りたいと思っていますので、そういう意味では、織田、豊臣時代の城郭研究の最高水準、あるいは最前線の報告をしていただけるのではないかと思っています。

まず、最初に申し上げておきたいのですが、普通のパネルディスカッションですと、石垣については乗岡さんに話をしていただき、続いて瓦については加藤さんに、天主については木戸さんに話をしていただくということになるのですが、ただ今申しあげましたようにこの三人のパネラーはすべてに精通されておりますので、石垣について乗岡さんだけではなくて、そこに加藤さんや、あるいは木戸さんのほうからも意見を入れていただき、大いに激論いただきたいと思っています。

中井均氏

戦国期から織田・豊臣時代の石垣

まず石垣についてですが、乗岡さんのお話で戦国期の石垣、織田・豊臣時代の石垣の違いがよくわかりましたが、ここでもう少し整理しておきたいと思います。

戦国時代の石垣と織田系の石垣というのがあるというのがわかったのですが、よくよく見てみますと戦国時代の石垣が岡山に集中しているというのは、単に乗岡さんが岡山に勤務されているから見つけられたのか、それとも戦国期でも、やはり石垣が集中する地域があるのかどうかというあたりについて、乗岡さんいかがでしょうか。

乗岡　それはあると思いますね。よく言われていることですが、東日本と西日本では同じ中世山城でも石の使い方、石垣の普及度や構造が違うということがあります。今日お話したかったのは、この滋賀県では観音寺城をはじめとする城、それに寺社も含めて古くから石垣造りの伝統があるし、岡山にも同じようにある。細かく見ると岡山の宇喜多の領域では、自生として結局は近畿の水準までは発達が届かなかったが、それでも確実な歩みはあったということです。

地域性・個別性をもちつつ、岡山と同じように、城の石垣が一定の発展を遂げた地域は他にもありました。

中井　加藤さんは、いま浜松市になりましたが、合併以前は静岡と長野の県境にある水窪町ご出身です。その水窪町に所在する高根城跡の発掘調査をされました。高根城跡は戦国時代の城郭ですが、石垣というのはあったんでしょうか。

加藤　高根城は、武田の手によって築かれたことが確実な城です。改修によって最終段階の城が完成するのが、元亀年間のどこか、下っても天正四年以降になることはありません。僕たちが認識している、先ほど乗岡さんの説明にあったような石垣は存在していません。ただ、土を止めるための石止めというか、土砂の流失を防ぐための石積みが確認されました。石垣ではないわけです。武田氏が造った、土留めのための石積みは存在しましたが、在地いわゆる静岡県内に戦国期の石垣は残されていません。一番大きな問題は、石材がないことだと思われます。西日本に比べたら極端に石垣が少ないという状況ですね。

中井　加藤さん、高根城跡の発掘調査以前に久野城という、木下藤吉郎を拾った松下氏の城跡も発掘されました。その調査現場は私も何回か見学に行ったんですが、ここでは石垣が全く認められませんでしたが、それはやはり東国の一つの特徴なんでしょうか。

加藤　そうですね。大部分のみなさんは久野城をご存じないと思いますが、静岡県の袋井市にある豊臣系の城です。おもしろいことに、瓦葺き建物はある、礎石建物はある。しかし、石垣は全くありません。これはもう石材がなかったからという理解でいいのではと思います。

それから、掛川市に横須賀城というお城が残っていますが、この整備された石垣を見ていただくと極めて特徴的であることが解ります。よく古墳の石室に使われる丸い川原石で、積み上げただけの石垣です。これも石材がないがための苦肉の策で、石垣をつくるために近場にあった石材を集めるしかなかったのでしょう。静岡県内には、江戸城石切丁場として有名な伊豆半島がありますが、戦国期にはほとんど気付かれていなかったという理解でいいのではないかと思います。

中井　僕は木戸さんとは同じ滋賀県内で勤務している関係で、よく会っては城談義で夜を明かしてしまうのですが。やはり滋賀県にいると浅井氏の小谷城跡であるとか、あるいは私が発掘調査を担当しました鎌刃城跡とかでは石垣が検出され、近江は、観音寺城跡に代表されるように、石垣では先進的な地域というイメージがあるんですが、そのへんについていかがでしょうか。

木戸　僕も乗岡さんと一緒で、一つは技術力の問題ですね。技術力がいったいどこから生まれてきて、どういう状況で発展していくのかです。そういう素地みたいなものがないと、技術が結集した形としてあらわれないだろうということが一つですね。

それから、当然ながらその技術をどこに使うのか、どういう意識で使うのかということをしっかりと認識できていないと、良いものを持っていても使い方がわからないわけですから、そういう城づくり全体のなかでの石垣を使っていくアプローチみたいなことを考えていくこと、意識の位置付けの成熟のようなものを考えていくことが大事だろうと思います。最後に加藤さんの言われた材料の問題です。この三つが揃うと石垣は完璧かなという感じですね。材料があっても技術力と使い方がなかったら単なる石にしか過ぎないわけですから。

そのように、非常に早い段階にすべてのものが出揃っている地域が、早い段階に石垣を持つ城をつくりはじめるのではないかと思われます。その一つに近江が当てはまるということです。

では、その技術力を近江では、どこが持っていたかと言うと、これはあとの瓦の話のなかでも出てくるとは思うのですが、当時、当然誰しもが持っているものではないわけです。乗岡さんが言うように、簡単に田んぼの石を積むというのだと私でもできるかもしれない。ところが、一〇メートルを超えるとなると土木専門業者じゃないと無理かなという感じです。

そういう意味において、高い石垣を持った石垣をつくれるところがいったいどこにあったのかと考えると、やはり近江だけでなく、他地域でもそうかもしれませんが、当時は寺社しかなかっただろうと思います。寺社にあるとするならば、おそらく信長であっても、その寺社に手を出すというのは武家政権のなかではなかなかできることでないだろうということですね。当然それを略奪するか、そのような中世的社会を解体するというようなことをしない限りできないだろうなということです。ただ、そうであっても、これを城に利用しようという意識がないとしないですが。それと、当然のことですが近江のなかには石材がガラゴロとあったようですので、そういう意味で三拍子揃ったということです。

そういうことがわかっていれば、例えば浅井の領域内でも、浅井氏が大きなお寺と仲よくしておけば、その人たちを借りることもできるし、お金を払って貸してもらうこともできるでしょう。そして、例えば小谷城や、六角氏なら観音寺城がつくられたと理解していいんじゃないかと思うのですが。

中井 と、いうことで、質問用紙がいくつか戻ってきているなかで、石垣の質問に触れていきたいと思います。

その一つに「野面《のづら》積み、穴太《あのう》積み、牛蒡積み、落とし積み等々積み方により名称がつくられているが、体系的に整理するとどのようになるのですか」というご質問がございます。これにつきましては時代的な問題とかいろいろあるんですが、そのなかで一つ穴太積みという言葉が入っています。穴太積みはいま申しあげました野面積みや牛蒡積みとは違って、これは一つの技術者集団が積んだということでは、また別の意味があります。

そこで、いま木戸さんもちょっとお話をされていましたけれども、そういった技術者集団について石垣の面から見ていきたいと思います。中国地方では何か特徴的な積み方が戦国期にあるということなんですけれども、乗岡さん、そのあたりをご紹介いただけますでしょうか。

乗岡　はい。先ほど、時間がないのでちらっとしか出せませんでしたけども、例えば安芸北部ですね。吉川氏は最後は毛利氏の一族となりますが、その城館遺跡が、北広島町周辺にある。吉川元春館跡や万徳院跡などです。そこでは、巨大な平石を等間隔で立てて、その間の石材は横積みにする。高さ三メートルぐらいの石垣で、地元の広島の方々が文献資料と絡めて研究されています。つまり「穴太」とは違う、「石つき之もの共」という名で文書に出てくる集団が吉川氏のもとにあって、彼らがこうした特徴のある石垣を築いたのだということです。

それから、同じ立石でも、さきほど僕が紹介しました吉備《きびつ》津神社本殿石垣（23頁写真2）なんかは、また違いますが、これも特徴的なもので、地域独自の集団、技術があったということでしょうね。こうした状況は、中国地方だけではなく、各地に例があります。

中井　ありがとうございます。吉備津神社の写真につきましては、私も大変興味深く拝見いたしました。ぜひ今度見学に行きたいと思います。やはり、こうした寺社の技術というのが当然、城郭の普請に応用されていったのはまちがいないと思います。それを集大成したのが織田信長の城郭ではないかなと思います。

実は、今朝私たち仲間一〇人ほどで安土城跡へ行ってまいりましたが、現在整備をされておら

れるすぐ向かって右側の、大手の下のところに、立石をいくつか積んでいくような石垣がありま
す。

これは安土城跡の発掘調査を長年担当された木戸さんにお尋ねしたいのですが、安土城と言いますと、すぐに、穴太積みのイメージを持たれるのではないかと思うのですが、そのあたりを少しお話していただけないでしょうか。私は今朝の安土城跡の見学で、「石つき之もの共」というような中国地方の技術者がここを積んだと思えてなりません。安土城跡のなかでもいくつも積み方のバリエーションがあるんじゃないかなというようなことを考えているのですが、安土城の石垣はすべて穴太衆が築いたのでしょうか。

木戸　穴太衆の話はあまりしたくないなと思っていたのですが……。特にご当地近江なので非常に心苦しいこともあったりするのですが、実は早い段階から安土城の研究、特に石垣の研究では、安土城は石垣は野面積みで、穴太衆が穴太流で築いたと言われていました。どの本を読んでもそう書かれており、私も小さいころから、ずっとそうだと思っていたのです。

ところが、安土城全山の石垣の調査をしてみると、実は普段一般的には見ないようなところにある石垣のなかにはひどい積み方のものもあるのです。逆に、見えるところだけには大きな

木戸雅寿氏

石で石垣で積んでいたりもします。それから、今朝見てきたような、立石の様な物を使う積み方。これなんかは吉川氏のいる広島から連れてきた中国地方の技術者ではないかなと思うような積み方もあるのですよね。ただし、あの非常に特徴のある積み方は、他にもありまして、たしか一乗谷朝倉氏の石垣も、ああいう石垣だったと思うのです。つまり、どちらかの技術者の力が入っている石垣と考えられるようなところもありますよね。安土城は天正四年から築城をはじめて二、三年のあいだに九〇ヘクタールに及ぶ面積に五～一〇メートルの石垣を積んでいるわけですが、果たして、一つの地域の工人や寺が抱えている集団だけで、それができるかといえば、それは到底不可能なわけです。

　国家総動員のような状況で石垣をつくっていくときに、全体的に統一したバランスで、はたしてものごとができるのかというのが一点ですね。それはできないということを安土城の石垣が証明をしていると私は思っています。ぜひ、みなさんも一度そういう目で見て、どれだけバリエーションがあるか、実際の積み方を見てほしいところです。

　ところで、なぜ穴太衆・穴太積みの話がまずいかというと、実は調べていくと、どうもこれは江戸時代の中期以降につくられた伝説のような感じがするのです。つまり、現代から安土時代にはさかのぼっていけないのですね。現在の近江の穴太にはそういう記録は一切残っていない。石垣も古い物は一切残っていませんし、安土城を穴太衆が穴太積みでつくったということは、どこにも書いていないわけでして、石垣をみればわかりますが、当時に流儀、奥義みたいなものがあるわけがないのです。技術者のことで言えば、例えば建築は最高峰です。それから金具、襖、絵などは『信長公記』を見ても、きちんとそういうような順番で名前が書かれてある。岡部何とか、狩野永徳とかと書いてある。次にずっと位置づけが下がってくると、たとえば瓦職人ですね。これは「奈良衆が焼き申す」としか書いていません、石垣職人なんかは集団の名前さえない。出てこないわけです。このことから考えると、どうも、当時はきちんとした名前の工人集団として石垣工人は位置付けられていなかったのではないかということです。むしろ村や寺のなかに数人ずついたりする村方のような人が集められ、城造りが産業化する江戸時代になりようやく、そのなかから、全体的な集団的なことが起こってくるのではないかと考えています。おそらく工人集団として全体的な大きな動きをするのは、僕は豊臣政権以降じゃないかなと思うのです。

加藤　いま木戸さんのお話にあったように、安土城の石垣を現地で実際見ていただければ、みなさんもっと良くわかると思います。乗岡さんが言った「石つき之もの共」の石垣もやがて消えていく運命にありました。豊臣政権になると、在地の個性的な積み方は、淘汰されて、豊臣政権に共通する規格の石垣に取って代わられることになります。

豊臣政権になると消えていくというのはどういうことかと言うと、例えば毛利氏が石垣を積む場合、石垣構築集団である「石つき之もの共」を使うことになります。しかし、その積み方から独自性は失われ、秀吉好みの石垣に変わっていくということです。それが、秀吉政権に組み込まれていくということなのです。

だが、織田段階では、まだそこまで到達していない。それが秀吉による天下政権が実現していく過程のなかで、当然さっきの木戸さんの話にあった天守もそうですけど、石垣も瓦も、秀吉好みのものが、全国統一基準になっていったのですね。それを、みんなが使っていくことによって、全国津々浦々に同じ城ができ、同じ石垣ができていくという理解でいいと思います。だから、豊臣政権になるまでは、かなりのバラエティーがまだ全国には存在していたとは思います。

中井　ありがとうございます。私たちはこれまで織豊系、つまり織田・豊臣系の城であるという一つのくくりを持ってはいるわけですが、実はいまの三人の先生方のお話でもおわかりいただけるように、どうもそのなかでも織田系の城郭と豊臣系の城郭はやっぱり違うんだということが判明しつつあります。

これは最近の研究成果じゃないかと思います。以前は織豊系城郭というひとくくりだったものが、現在では当初バラエティーに富んでいたものが、豊臣政権になって一つにまとまっていくというような変容、違いがあるということです。

では石垣についてのまとめとして、信長の個別限定的というのと、秀吉の持つ普遍性というあたりを、乗岡さんよりお話していただけないでしょうか。

乗岡　はい。やっぱり信長の段階の城の石垣というのは、安土城が特別限定であって、他の城から飛躍した一番のものが安土城に独占的にあるということですね。対して、織田氏一門以外、各地にある各大名、各氏の城では、たしかに石垣、石垣という用語の定義をめぐっては、高さの問題、塁線を成すか土留めか、隅角を持つか否かとか裏込め石の有無など構造上の基準などを廻って議論がいろいろありますが、慣例的に石垣と呼んでいるものが間違いなく城郭に取り込まれているけど、それは戦国時代からの延長上にあって、地域性や技術のうえで、また高さや機能の上で、まだまだ多様な枠組みのなかにあって飛躍を遂げていない。つまり安土城の石垣は他から超越した存在なんですね。

それに対して、秀吉の段階の城の石垣というのは、基本的なパターン、例えば、背後に裏込石を伴いながら一定の傾斜を持って巨石が積まれ、天端には天守を始めとした瓦葺の重厚な城郭建築が載る高石垣、そういう石垣の頂点は確かに秀吉の城にありつつ、それと同質の石垣が、規模、構造、城のなかで構築される部位や普及度などではバリエーションを持ちつつも、秀吉の城と各地各氏の城とで共有化されている。技術の問題に即して言うと、信長の段階には頂点の信長のもとに最高技術者が集約的に編成されていったものが、秀吉の段階には各地の各城と技術の共有化が図られ、各地の技術のレベルアップ、あるいは技術の普遍化、等質化が進んだということです。

関連して、先ほど「穴太」の話が出ましたけれども、現に先行する時代の石垣が各地にあったこと、そしてこの秀吉の時期の石垣も、それぞれ地域に応じた石材選択、自然石と矢穴を持つ石材の優位性、石材面の加工度、石垣断面形にみる傾斜角や反りの有無や程度などのバリエーションがあることを考えると、特定の流儀をもった中央の技術者が一元的に全国に波及して在来技術者を駆逐し、取って代わったのではなくて、中核的技術集団が仮にあったとしても、全体とすれば広域的な技術集団間の技術交流、あるいは城造りのニーズに応じた技術集団の再編成の産物があったと見通しています。

木戸　ちょっと言い忘れたのですが、基本的に穴太というのは「公儀穴生」を指すのが正しいだろうと思っています。公儀穴生というのは、江戸時代中期以降に幕府が城を修理するにあたって、こういう工人集団を使うのがいいだろうということで選定して決めていくわけです。そのときに幕府が指名業者を選定するにあたって、自分の家柄を証明する系図を持って幕府に申請しに行く業者がいっぱいいるわけです。そういうなかに「私どもの家系は安土城を積みました」と奥義の伝書を見せ、幕府が「なるほど、安土城を積んだところならオーケーだろう」ということで登録業者となった。それが公儀穴生という名前を使えることを許される人々でして、その人たちが各地で幕府の命令で石垣の積み直しをやっていくことになる。その人々が残したのが奥義・流儀です。さらに、言うと、石垣の積み方の区分については、これは新井白石が、その当時にあった城の石垣を見て、これは野面にしようとか、これは打ち込みハギにしようとか、これは切石でできているので切り込みハギにしようといったふうに、江戸時代中期に彼が考え出した研究用語です。あれはあくまでも江戸時代の研究上の分類であって、当時、安土城に積んでいた人々が野面積みだとか、言って積んだ物ではありません。本末が転倒しているのです。当時、そういう言葉があったということ。僕らは歴史用語と読んでいるのですけれども、歴史的な用語ではないということです。われわれが、一類、二類、三類とか、A類、B類、C類とかと言って考古学者が分類しているのと一緒のように、江戸時代の人も軍学や築城のなかで、そういうものを分類して定義していったのが、あの積み方の呼び方の語源なのです。だから、石材による分類、積み方による分類、位置による分類とかというふうに、分類上の項目に様々全部異なっています。石垣の研究は、そういうふうに理解してほしいなと思っているということです。

中井　ありがとうございます。ただ、お聞きのみなさん方のなかには「それは違うやろ。木戸が勝手に言うとるだけやろ」とお思いの方もおられるでしょうが、その点につきましてはシンポジウム終了後、木戸さんと個人的に激論を交わしていただければけっこうかと思います。

ところで、はじめに申し上げましたように、私は備前地域は戦国期に石垣が集中して構築された地域だと考えています。もう一つ石垣が築かれた地域は、この近江地域です。さらに北部九州地域の戦国期の山城にも石垣が多用されています。

おそらく、さっき木戸さんがおっしゃったように、安土城がヨーロッパの城を真似たとか、そういった問題について、もちろん、それを信じておられる方にはたいへん申しわけないのですが、安土城の出現は十六世紀後半の築城技術のうねりのなかでこそ検討すべきです。ある地域で石垣が出現し、発達をしていくところがいくつか存在するということは事実です。しかし、そうした地域の技術は傍流として、どうも織田政権によって頭打ちにされ終わってしまう。

そこで、新たに織田系の高石垣が出現するわけですが、それも決して突然変異ではないということです。信長の独創によってつくられたものでは、決してないのです。十六世紀後半のうねりのなかにあるのだろうなということが、どうも石垣からは押さえることができそうです。

さらにその後、安土城と織田一門の城郭だけの非常に限定されていたものが、秀吉政権のなかではかなり広範囲に広がっていったのだという二つの、つまり、戦国期から織田時代、そして織田時代から豊臣時代という画期が石垣からは認められるのではないかというようなことが、言えるのではないかと思います。

中世山岳寺院と城郭の類似構造

ところで、一点たいへん面白い質問がありますので、取り上げたいと思います。石垣のことではないのですが、安土城跡の大手の石段については山岳寺院の構え方に非常に似ているということについての質問です。この質問の内容については、最近私たちの研究会でも、中世の山岳寺院が本堂まで直線道路を持っているとか、その両側に、いわゆる坊院と呼ばれる塔頭を配置して、それが石垣によって構えられている点に注目しています。その構造が観音寺城や安土城のルーツになるのではないかというような、質問ではないかと思います。

石垣構築の技術が寺社の技術を応用したものと考えられるならば、構造も応用したものなのでしょうか。中心部の縄張りは別としても、直線の大手道とその両側に展開する曲輪配置については、中世の山岳寺院とはかかわりがあるのでしょうか。

木戸　僕も非常に似ているなと思うときがあります。いつも安土城のことばかり考えて見ているのですが、この間も旅行に行ったとき感じました。そういう山岳寺院や中世寺院を見たりすると似ていると思いますね。近江では百済寺の石塁や頭塔を見ると、ある部分がすごく似ているなと思うことがあります。それは、安土城と中世寺院ということだけではなく、例えば鎌刃城や浅井氏の小さなお城では入口の虎口を枡形にしないつくり方、平入で入る虎口のような場合、前に階段がありますが、そこだけ切り取って見ると、「これ、お寺の門と違うのかな」という感じがして、強いインパクトを受けてしまうときがあるのです。とても、似ているということですね。だけど、それはほんとうに技術力として城づくりに導入されて、そういう人たちが聞き合ったのか、プランナーが、そういうたぐいの人たちなのかということについては、学術上もっときっちりと証明をした上で話をしなければいけないと思います。単に似ているとしか言いようがないなということではだめですよね。

加藤　南北朝の山城のことですが、後醍醐天皇が吉野の山に籠もる頃の城は、基本的に密教系の寺院を使うことが多いですね。寺院を再利用して、防御施設を設けお城とするのが、南朝型のお城のつくり方で、山に籠もればいざという時の逃げ道も確保されるわけです。そういう意味では、宗教勢力との結び付きというのは、南北朝時代からかなり強いものがありました。先ほどから話題になっている寺院の技術を使用していることは、もう確実なことです。だからといって、曲輪配置や通路の状況までもが同じだということではないと思います。確かに、似ていることは似ているのですけど、それは見るほうの意識の問題に帰結するような気がします。

僕は山育ちですから、山の中のことはかなり詳しいつもりです。例えば、植樹のための山道を真ん中につくると、左右に樹木を植えるための平坦地を設けます。これは、お寺の伽藍でもそうしますし、お城でも同じような原理で曲輪を造成します。近代の、炭焼き小屋もそうですね。順番に上から平坦地を造っていくことになります。段々畑もそうして作られています。これが、一番楽に早く平坦地を設ける方法だったのです。

だから、そういう意味では、木戸さんが言ったように、学問レベルで考える必要があると思います。どのような系譜があるのか、どう繋がっているのかということを詳しく調べていかないとわかりません。現状では山の斜面を合理的に使用するには、まっすぐな道を作ってその左右に平坦地を設けて使っていくのが一番簡単です。だからこそ、共通項が見られるのだという程度のことしか、答えられません。きっと乗岡さんはもっと違うことを言うと思います。

乗岡　先に当てられた方が喋りやすいですよね。それ以上のことと言われると難しい。やっぱり、その合理的な配置。つまり一番高くて目立つところにメーン施設があって、それが神さまなのか天主さまなのかわからないですけども、やっぱり軍事ということとは別の演出でしょう。そして、麓には道をはさんで左右に付随施設が整然と並ぶ。つまり、屋敷が建つのかお堂が建つのかという違いはありますけれども、合理的で視覚的な演出効果も良い形といえるのではないでしょうか。雨水を円滑に排水するため道の左右には側溝があって、各段からは暗渠が取り付く、そういった構造も合理的で、自ずと景観が共通してくるのでしょう。

信長と秀吉の金箔瓦の違い

中井　ありがとうございます。石垣ばかりを議論していると時間がなくなってしまうので、次に加藤さんの報告のテーマであった金箔瓦に移りたいと思います。

先ほど乗岡さんがパワーポイントで紹介されていたように、備前地域でも石垣に伴って瓦が出土しているところがありますし、北九州でも石垣とともに瓦が出土しているところがあります。ところで金箔瓦は安土城以前に存在したのでしょうか。瓦は日本に仏教が伝来してからずっとお寺や神社などで使用していますが、では金箔瓦というのはあったのでしょうか。また、なぜ出現したのでしょうか。非常に単純な質問なのですが、加藤さんいかがでしょうか。

加藤　難しい、単純だからこそ非常に難しい問題だと思います。私の発表のなかでも言いましたが、信長以前に金箔瓦はありません。金色堂や金閣という、建物に金箔を貼る行為は行われています。しかし、屋根の瓦に金箔を貼るという発想は、それまでの日本には全くなかったことです。おそらくは、信長の独創だと思いますが、信長に非常に近い誰かが「こんなことをやったらどうですか」というふうに進言したのかもしれません。狩野永徳が進言したと言う人もいますけど、よくわかりません。いずれにしろ、信長の段階で突然出現するわけです。これが、石垣と違うところで、技術があったからというのではなく、信長が何らかの理由で金箔瓦を使ったということです。

それは木戸さんがよく言うように、信長に聞かないとわからない。僕も、その発想の原点は、全くわかりません。信長が考案したものであるということだけは事実ですけど。

中井　たいへんいじわるな質問で申し訳ありません。ただ押さえておきたいのは、石垣は戦国時代にはあったわけですね。それが信長によって高石垣に変わっていくというのと同じで、瓦も実は戦国時代にはあったのだけれども、それを金箔瓦に変えたというところに重要な意味があるんじゃないかなと、私は思ったのですが、その点についてはよろしいでしょうか。

加藤　オーケーだと思います。

中井　はい、ありがとうございます。

次に、質問のなかで、「実は金箔瓦について凹面、つまりへこんでいるほうに金箔を貼った信長の意図は美意識からでしょうか。それから、凸面に張ると目立ちますが、実際に見たときはどのように違いますか」というものがありました。実際見られたことはないと思いますが、実際見てみたらどうだったのでしょうか。印象で結構ですのでお答えいただけませんでしょうか。なぜ凹面と凸面なのかという点も、わかる範囲で結構なのですが、どなたかお答えをいただければと思います。

加藤　じゃあ、責任上、口火を切らせていただきます。凹面と凸面に金箔を貼るとしたなら、技術的にどちらが楽だと思いますか。会場のみなさんも直接瓦に貼ったことがないからおわかりにならないと思いますが、正直どっちが楽だと思います。

会場　凸面のほうだと思います。

加藤　あ、そうですか。では、凹面が楽だと思う人はいませんか。あ、お一人いらっしゃいますね。凸面のほうが楽だと思う人。ほとんどの人がそうですね。みなさんの思った通りで、凸面に貼るほうが楽なのですね。だから秀吉は凸面に貼ったわけです。

信長はやはり、美意識を求めた結果として捉えていいと、個人的には思っています。信長が安土城に使用した瓦を見ると、あまりにもきれい過ぎるわけですね。あそこまで丁寧に磨く必要はないだろう、なにも見えないところまで手をかけなくてもいいだろうというような細かな部分にまで手をかけてあります。

それは、信長が天主と呼ばれるかつてない程の高層建築を築くにあたって、全国の信頼できる技術者を集めて可能にしたわけですが、その時信長自身が持っている自分のなかの全てを動員してというか——僕、信長好きですからね、こうやって言っているだけですけど——いわゆる美意識じゃないかと思っています、個人的には。

まあ、木戸さんはきっと違うと思いますので。

木戸　僕も信長は好きですが、いろいろ研究していくと最近、信長よりも秀吉の方が面白いなあとつくづく思うのです。信長の期間は非常に短いですが、秀吉の期間は長い。だから期間が長い分、資料も多くわかりやすいからかもしれないですが。

信長がやってきたことを秀吉が継承しているなかで、例えば金箔瓦を例にとると、加藤さんが言ったように、難しいやり方から簡単なやり方に彼なりに変えていく。これはそのとおりなわけですね。それは一つには加藤さんの発表のなかにもあったように、信長の瓦はそんなにたくさんは要らないわけです。安土城に葺いてしまえば、あとは一門衆のなかだけだとすると、それ以上瓦を焼かなくてもいいということになってきます。ところが、全国展開する秀吉の場合は、その十倍、一〇〇倍みたいな量がいるわけで、そうなってきたとき、技術者が一定の人数しかいなければ、残業するか手抜き工事をするかのどちらかになるのではということです。

安土城の瓦を実測してみるとよくわかるのでが、信長は奈良から工人を呼び、実に緻密に作っている。加藤さんが「大坂城の瓦はすごいズルズルで」というのは、秀吉の場合はその工程を全然踏まえておらず、かたちだけできていればよいとするからなのです。金箔も見える部分だけ貼ればよい。文様も隠れても、とにかく貼ればよいとかね。

そう考えると、やはり技術力の差をどういうふうにとらえるかということで決まってくるかなと思うのです。大量生産のなかで、全国展開すればそれでいい、技術力はどうでもいいのだと思うようになる。ちなみに、あと二つそういう例を言いますと、私が研究所にいるときに金の分析をしたところ、安土城の金の含有率は九九・九パーセントかなんかですね。ところが大坂城や聚楽第だと金の含有率が九〇パーセントを割り込んでしまう。これは純度の非常に悪い金を使っているという証拠なのです。それから、胎土分析と言って瓦の土の成分分析をしたら、安土城は三角形のグラフを描いてドットしてみると、三角形頂点にくるのです。一番下にくると非常に粗悪だということなるのですが、安土城の瓦はグラフのなかに落とすと一番トップにくるのですよね。このトップにくるのは、ほかには全然ないのです。そして、秀吉段階の城の瓦はどれを分析しても、全部下の方に来る。やはり大量生産の過程で粗悪になったとしか思えないのです。

加藤　乗岡さんが何か話をしたいと言っていますが。

乗岡　また発言が最後なので、追認するしかないのですが、全く同感です。

岡山城を例にしますと、信長段階、ないしは天正年間の金箔瓦、もちろん岡山城では出ていません。この段階は、瓦の絶対量が未だ少なく、お寺と同じ瓦を使っています。播磨の工人の製品、これはけっこう丁寧な造りのものですが、主にこれを採用しています。

ところが宇喜多秀家段階、特に天正一九年以降、文禄年間頃になりますと状況が一変します。先ず何が違うかと言ったら、城に使われる瓦の絶対量が爆発的に増えます。いろんな瓦葺建物を織豊系城郭内に次々に建てるわけです。さっき話した高石垣とセットの本丸のなかだけじゃなくて、一部とはいえ家臣や町人が住む城下町の建物にも葺かないといけないのです。

いま僕が考えている見通しで言うと、地場で寺社向けの瓦を焼いていた職人だけでなく、播磨あたりからもいろんな職人さんを引き抜き、彼らを指導者に急場の職人を養成するなどして、城下のはずれに瓦町をつくって、とにかく大量の瓦を焼きだすのです。感覚的に言うと信長段階の岡山県下の城に使われる瓦が一だとしたら、たぶん、秀家段階の岡山城および城下町をつくるときに百ぐらいの量の瓦を焼かないといけない。そしたら、自ずと粗製濫造となります。土練りも不十分で、断面を見たら縞模様が見えたりするんですね。焼きも良くなく、火が芯まで通らずに表面は灰色なのに芯は黒いといった具合に、断面がサンドイッチ状に見えます。秀吉の段階の岡山城では、そういう瓦の一部に何とか金箔を貼っているのです。岡山城の金箔瓦の造りの粗雑さは、今回の特別展での展示品を見ていただければ判ります。金箔の貼りかた、下地の漆の塗り方も決して上手ではなく、箔も薄いようです。金箔の残り方は、例えば埋まっていた場所が湿潤な粘土層か、乾いた山土層かなどで左右される部分も大きいのですが、岡山城の金箔瓦の金箔の残りの悪さは、造りの悪さに通じているのです。

そういう意味から言うと、信長の安土城の金箔瓦に対する秀吉段階の金箔瓦の違いは、岡山でも追認できるということです。

中井　はい、ありがとうございます。まだ展示をご覧になっていない方、見るときは、単に金箔瓦というだけではなくて、そこにも差があるということをぜひ発見してください。石垣と同じように、信長段階と秀吉段階で違うということです。信長のものがいわゆるブランド品だったら、要するにまがい物を秀吉がつくっているというような感覚でもいいわけだと僕は思っています。

ただ、三人が同じ意見で、激論になりません。聞かれている皆さんも三人のバトルを期待していたのではないでしょうか。私はコーディネーターよりパネラーになりたかったなとつくづく思うのですけれども。

木戸　金箔瓦を威信のために屋根瓦に葺くのですが、金箔はだいたい何年くらい持つのですかね。

加藤さん。どう思います？

加藤　三年間は持っているわけですね、安土城は。木戸さんの説明にあるとおり、三年は持っているのですよ。完成して、三年たったときに焼け落ちてしまったからわからないですね、実のところは。

ただ、さっきの私の話のなかにあったように、蒲生氏郷は松坂城を築くに当たって、信雄の松ヶ島城から金箔瓦を運んでリサイクルしているわけです。同じように、清須城の瓦をリサイクルした名古屋城でも確認されるわけです。同様に、大津城にも彦根城にもリサイクルされた金箔瓦が使用され、金箔が貼ってあることが解ったのですから、ある程度は持つものなのですよ。

日本のように、湿潤で雨の多い気候帯の場合、何年かに一度は修理する必要があるわけですね。金閣は、常にあの輝きを保つために、何年ごとに修理しているかご存知ですか。金箔の貼り替えをやっていることはご存知ですよね。その度、ニュースになりますから。さて、会場の皆様お分かりですか。

会場　五〇年。

加藤　いや、そんなに持たないですよ。もっと短いはずです。実は金箔はすごく長く持つものですが、下地に接着剤として使用している漆が劣化して、金箔が剥がれてくることになるわけです。だから漆と瓦がくっついている部分で、漆ごと金箔が落ちてくるわけです。

だから、下地の漆がどれだけ持つかにかかってくる。その下地となる漆をおそらく凹面に貼ったほうが持ちがいいわけです。凸面より、凹面に貼ったほうが持つと思います。だから、信長の金箔瓦がブランド物で、秀吉の金箔瓦がまがい物だという、そういう結論です。

中井　先ほどのお話にもありましたが、例えば厳島神社の千畳閣という大経堂ですね。ここは金箔瓦を使っているお堂ですが、修理のあと金箔を葺いているのですが、もう既に落剥して地肌と言いますか、赤い漆が見えたりして、金箔はもう見えにくくなっています。

それから、これは当時の金箔ではないと思いますが、岡山城の天守閣がリニューアルして、金箔瓦も新しくなっていますので、実際に金箔瓦がどのような具合に見えたのかなというイメージになるのではないかと思います。またぜひ、広島や岡山へ行かれたときにご覧になられたら良いかと思います。

金箔以外に、いま粗製濫造という言葉が出てまいりました。ですから、織田段階の非常に限定されたものではなくて、秀吉段階で大きく城郭が全国に、いわば秀吉系城郭といった城が全国に伝播いたしました。

そして、先ほどよりおっしゃっているように、瓦が大量に造られるようになることで、われわれ研究仲間では、昔から言われている、コビキのAとBという手法の違いがあります。これも、どうも天正十一年の大坂城を画期にして変わっていくということなのですが。

このコビキについて少しみなさんに知っていただいて、その城郭の瓦が大量に必要になったということも知っていただきたいと思います。これについては最初に乗岡さんに口火を切っていただいただき、コビキについてみなさんにご紹介いただけたらと思います。

乗岡　平瓦にしても丸瓦にしても、軒瓦として模様を持つ瓦当を付けるか否かなど、瓦には種類があるわけですけども、当時の作り方としては、たいていが粘土板をベースに作っていきます。先ず、粘土をこね、タタラと呼ぶ立方体の粘土塊に仕上げ、これをコビキという工程で板状にスライスして行くのです。近江八幡市の「かわらミュージアム」にそうした瓦作りの工程を示した模型が展示してあって、ご覧になった方もいらっしゃると思います。

　さて、コビキA技法と呼んでいるのは、糸を使ってタタラから粘土板を瓦一枚分ずつ切るもので、瓦の面（特にその後の調整を施さない丸瓦内面）に斜め方向の無数の粗い線が残るわけです。それに対してコビキB技法と呼んでいるのは、鉄線を張った糸鋸みたいな道具で粘土板を切るもので、切断痕は丸瓦の内面などでは曲面に対して平行する線として残ります。鉄線を使って切ると機能性が向上するため、大きなタタラを一気に切ることが可能になり、一つの工程で瓦何枚か分に相当する長方形の粘土板を作ることができます。つまり、コビキB技法は織豊期における瓦の大量生産に呼応した技術革新の産物と言われています。その始まりは天正十一年に築城が開始される秀吉の大坂城の瓦の内にあることが判っています。

乗岡実氏

関連して言いますと、石垣と同じで、全国各地にある織豊期の城の瓦は、ただ一つの瓦職人集団が作ったわけではありません。つまり、明日からコビキB技法を採用するぞと一人の棟梁が言って、全国一律で同時に技法が変わっていくわけではないんですね。瓦職人のあり方や系譜、また場合によると一部の瓦職人に対して動員力を持っていた秀吉と城主の政治関係を背景にもちつつ、地域や城によって技法の転換年代は微妙に異なってくるわけです。

例えば岡山城の瓦を見ると、技法転換は慶長五年に限りなく近い時まで遅れるようです。古い技法を温存する瓦職人といち早く新しい技法を採用した瓦職人の並存の問題は、瓦職人を誰が掌握していたかという観点から、豊臣政権内部の政治構造まで踏み込める場合もあるのですが。加藤さんがこの続きをいきますか。

加藤　僕は真ん中に座っていますので、どちらから回ってきても二人目になるわけです。だから、けっこう話すネタがあって楽ですね。

いま、乗岡さんが言ったように、天正十一年に畿内で変化する理由は、豊臣秀吉が大坂城を造らせるために、瓦をたくさん必要とし、結果として粗製濫造のような質の瓦になったわけです。だからといって、大量に作ることのできる技術コビキBに全国が一斉に変わるのかと言ったら、そうではありません。東海地方では、やはり乗岡さんが言ったように慶長五年、六年になっても、まだコビキA技法を使っています。ということはBの技術は知ってはいるのに、その道具がないのか、はたまた技術者が「まだAでいいや」という感じでやっているのかはよくわかりません。

いずれにしろ、東海地域では天正十八年になっても、コビキA技法を使っています。ところが、東山道のほうに行くと天正十八年には、コビキB技法に変わっています。だから、生産技法が異なるのは、支配地の違いも大きいと思われます。東山道が通る領国は、秀吉直属部隊の支配地になります。しかし、東海地方への命令系統は、秀次を経由してくるわけです。東海地方は、秀次の宿老たちの支配地だったわけです。同じ豊臣政権下のなかでも、秀吉直属の部下の支配地、秀次付き武将の支配地、そしていわゆる外様たちと、このような違いがあってもいいのかなという感じは受けています。どれだけ、秀吉に近いかというレベルの話ですけど、それが瓦技法の違いのように微妙に異なる部分になって現れてしまったと、現状ではそのように考えられはしないかというだけのことです。

畿内のことは、木戸さんに任せます。

木戸　瓦生産ですね。瓦生産というのは、ご存じのように古代、いわゆる奈良時代の律令体制のなかで、官衙とか国分寺、国分尼寺をつくるために国家が中国から技術者を日本に呼び寄せて生産がはじまります。当時は律令体制のなかで、国営の工房で生産から管理までの全部やっていたわけなのですが、最終的に国営でつくる建物がなくなった段階、律令体制が崩壊していくに合わせて、地方の荘園ができたときに、その荘園のなかにある寺や神社、そういうところに技術者が流れていきます。その結果として奈良、京都、地方の有力寺院のなかに技術者が囲われて残っていくわけです。彼らの瓦のつくりというのが、当然その当時の奈良時代からの伝統的に行われている瓦のつくり方なのです。近畿のなかでいけば、一番大きな勢力を持っていたのが、興福寺や東大寺、法隆寺の瓦をつくっていた、いわゆる南都衆と呼ばれている方々です。奈良衆とも呼ばれています。彼らの長が、南都の西の京に住んでいる橘一族です。この人たちは名字や官位を持っていまして橘朝臣何とかという世襲一族です。

この一族が近畿地方のほとんどすべての寺院の瓦生産の独占的権を持っていて、瓦を各地で焼いているのです。お寺のつながりのあるところでは、その技術者を呼んできて焼いたり、奈良の瓦を使うこともできる。遠くで言えば、例えば兵庫県の太子町あたりのお寺でも、そこの技術者にお金を払って呼んできてつくったりしているのですね。その一派が住み着いたのが、兵庫の英賀衆と呼ばれる集団でおそらく姫路城から岡山城当たりの城の瓦は、彼らが焼いている。彼らも立派な橘一族です。ということで、奈良時代からの伝統的な技術の枠組みのなかで守られてきた技術の一つが、このコビキAと言われている技術手法なのです。

で、大量生産をするには、古い方法ではおっつかないと、新しい方法を考えたのが、コビキBです。この技術を秀吉がどこで入手したのかということはわからないのですが、考古学的には物の痕跡でこういう観察ができ、はっきりとものごとがわかっていきます。

信長は大和攻めのあとに、この工人達を一手に引きとることができるようになって安土城の瓦を焼くことができるようになったということです。

ですから、つくり方は圧倒的に鎌倉時代、中世時代に法隆寺や東大寺でつくっていた瓦のつくり方と全くうり二つなのです。ただ、信長は模様を少し変えたぐらいでしょうか。このように信長は伝統的なやり方をしっかりと受け継いで仕事をしている。その工人がつくったということは、瓦に奈良衆の窯工房の印が押してあるのでわかるのです。その瓦が安土城に出ています。その他のお城でも出ており、こういったことで間違いなく南都の南都衆が焼いたということがわかります。

つまりこういう伝統的な技術の枠組みのなかに、城造りがあるのです。

金箔瓦の使い方の違い

中井　ありがとうございます。みなさん自主的に話をしていただけるので、コーディネーターとしては大変ありがたいのですが、そのぶん時間もなくなってきております。そこでまず、加藤さん。53頁に日本列島の金箔瓦の出土地一覧が載っているのですが、ここには聞いたこともないような城もありますね。実は私たちも以前、驚いて見に行ったことがあります。例えば、鳥取県の江美城ってご存じの方お見えですか。ああ、お見えですね。さすがですね。はい、ありがとうございます。その江美城跡からも金箔瓦が出土しているのですね。

実は金箔瓦と言うと、いまここで展示しているように、全城を金箔で葺かれているようなイメージがあり、いろんな城跡で金箔瓦が出土していますが、どれぐらいまで金箔瓦が葺かれていたのかが、それぞれの城にとって重要なものではないか、一つのメルクマールになるのではないかと思うのですが。
今度は最初に加藤さん、そういったお城のなかでの金箔瓦の使い方の違いというのは存在するのでしょうか。

加藤　私が、先ほどの発表のなかで少し話をしましたけれど、お城によって金箔瓦の使い方の違いは必ず存在しますね。それが何かと言えば、例えば家康領国を取り囲む国々であるとか、朝鮮出兵にかかわる城々とかいうくくりになります。秀吉が、特別重要視した城に限っては、豊臣一門と同様の金箔瓦を使用する。ところが、そうでない城は、シャチだけとか、鬼瓦だけとかいう、限定された金箔瓦の使い方をしています。前田利家のような特別な人は、また異なるわけです。

加藤理文氏

金箔瓦の出土城郭イコール豊臣政権の城で、大きな誤りはありません。だからといって、秀吉の大坂城と同じであるとか、信長の安土城のようだとかいうことではありません。私たちがイメージする名古屋城の金鯱のように、全部が金ぴかに輝いているということでは決してないのです。金箔が貼られた瓦がどの部所に使用されていたかによるということです。軒丸瓦、軒平瓦まで全て金箔瓦を使用した城は、確かに全部きらきら輝くはずですけれど、そうでない城というのは、シャチだけ、鬼瓦だけが光って見えたという理解のほうがいいとは思います。

だから部分的に金箔に輝いている。四隅だけ輝いているとか、頂上だけが眩しいとかいう程度になります。部分的使用でも、結構目立ちますけどね。部分的ではなく、豊臣一門衆と同じ金箔瓦の使い方をしている。例えば乗岡さんのところの岡山城なんかは、軒平瓦、軒丸瓦まで金箔ですので、階層の屋根全てが光って見えるわけです。階層が全部光って見えるのと、部分的に隅や頂上が光って見えるのでは、かなり違うんでしょうね。

彦根城天守を見ていただければわかると思うのですが、あそこは部分的に金箔が使われています。屋根の頂部にある二体のシャチと、大棟に飾られた五個の大型の飾り瓦、四箇所の軒唐破風の飾りの部分だけが金箔です。ああいうイメージに見えたと捉えていただければいいと思います。修理が終わって全面金箔に輝いている大阪城天守と、今の彦根城天守と比較していただけたら、イメージの違いが理解できると思います。

中井　ありがとうございました。これだけ金箔瓦が出土していますが、すべて同じでは決してないということですね。それぞれの城郭に負わされた使命と言いますか、あるいは城主が担っている官位と言いますか、そういったものによって、豊臣政権のなかでもかなり違いがあるんだなということが、今回わかっていただけたと思います。

さて、私たちが研究会をはじめたときに、金箔瓦が出土する城跡というのは、加藤さんの一覧表よりもかなり少なかったと記憶しています。その後の発掘調査で点々と出土してまいりました。点々と出土してくるたびに、その意義付けを考えてまいりました。

そういったなかで、豊臣政権が持っている機能とか、そういったものから考えると、日本列島内では金箔瓦を葺いていた城郭はまだ存在するのでしょうか。

加藤　必ずありますよ。織田政権でもあると思います。私は、信長の弟の信包は絶対金箔瓦を使っていると思っていますので。『信長公記』の記載を見ると、お馬揃えとか左義長の行事の時の信包の順番はすごく早い。それは一門のなかでも高位に遇されていた証のようなものではないですか。それなら、弟であるが信包は金箔がありかな、と思ってしまうのですね。ただ、非常に残念なことに、信包の居城は伊勢の津なのです。あれだけ、後世の破壊を受けていたなら、どう調査しても出てこないでしょう。だから永遠にわからないとは思いますけど、信包の可能性はあると思います。豊臣政権下では、加藤清正や福島正則は、ありかなという感じはしているのですけどね。

「金箔瓦を使用していたと考えられる武将一覧」とか「金箔瓦が出土しそうなお城一覧」というのをつくって、上から順番にパーセンテージを振っていくことができると思いますよ。おそらく私もできると思いますし、木戸さんもできると思うし、乗岡さんもできると思います。だから、それだけまだ可能性が残されているということです。ひょっとしたら、会場にいらっしゃるみなさまの地元のお城からも、出土する可能性があるかもしれませんね。

木戸　私は「予測。これから金箔瓦が発見されるお城がわかる。」みたいなことを考えています。一覧表を密かにつくっています。条件のフィルターをいくつもかけていくと、それに引っかかりそうな城の名前が浮上してくるのですね。私のコンピューターのなかには、そのお城の名前が書いてあります。おそらくこの城は出てくるだろうということで、そこに○を付けて待っています。

どういうふうに考えているかと言いますと、金箔瓦も例えば加藤さんが言われるように軒平ですね。軒瓦や平瓦が出ているだけのところがあったりして。だけども、金箔鯱は出ていない城があるとか、飾瓦は出ていないところとか。そういうのがあるのですけども、それは発掘を全部したわけではないので、ほんとうにそれだけしかないのか、全部あるけど、まだ埋もれているのかもわからないところもありますので、そういうところは△とかとしていくわけですね。それで、桐紋とか菊紋はあるけれども金箔はないところと、となってきますと、ここはやっぱり桐紋、菊紋、鯱瓦が揃っていても、ここはおそらく金箔は×だろうなどということを考えているわけです。手がかりで何か一つ、たとえば軒平の金が出ていたら、これは金箔鯱が全部出るだろうと。飾り瓦も出るだろうというようなことを考えていく、それから地域的なことをロットにしていくと、やっぱりどうしても拠点、例えば四国のこの城に欲しいなとか思えるような城が浮かび上がってくる。それから、まず城主の名前をチェックすることですね。特に城主の官位をぜひチェックしてください。「従五位下」以上、いわゆる殿上人と言われている人です。秀吉は官位をみんなにもらってきてあげるわけです、いわゆる叙任でね。そのときに従五位下以上になると殿上人になるわけですね。そのときに、例えば菊紋や桐紋を使用することも許されたりする。一緒にもらえたりするのです。そうなったら、その次のステップとして、さらに秀吉がオーケーして城に金箔を使える可能性も出てくるということです。そういう城主のところをチェックすると、おそらくまだまだこの数は増えるような気がします。絶対増えると思いますので、ぜひ、みなさん自分でおやりになってほしいと思うのですけれども、自ら掘ったりして探さないようにしてくださいね。犯罪ですから。（笑）

さて、もう一つ加えたいこととして、どの部分に使ったのかということの話のなかで、実は、安土城でも場所によって金箔を使っているところと、使っていないところが、どうもあるのじゃないのかなと思われるような状況で出土しています。天主は、たぶん間違いないと思いますが、加藤さんが言っているのは全部天主の話ですよね。例えば、天主以外の本丸の建物もあると思うのですが、ない建物もあるかなあ。そういう問題もありますね。秀吉段階の城でも門には付いている城もありますね。それから、安土城では天主に至るメインロードの通路の両脇の石塁の塀だけには金箔が貼られていたみたいです。この道に一歩入ると普通の瓦ではなく金箔。要するにそれは見せるためにやっているようです。聚楽第なんかもたぶんそうだと思うのです。武家屋敷の道側、人がとおる通りの両側ですね。そこだけ金箔瓦にしているとも思います。そういう意味では中井さんの黄金ロードも、そういう意識の一つのパターンなのかなと思います。使う場所によっても、そういうことが今後とも想定できていくかなと思います。

中井　ありがとうございます。いわゆる「もしも」とかということではなくて、この十数年間、あるいは二〇年ぐらいのスパンのなかで、織田・豊臣系の城郭がかなりの数で発掘調査され、金箔瓦の出土量も多くなりました。

こうした状況から金箔瓦を用いた城郭も、想定できるというところまで来たということですので、いまも木戸さんがおっしゃったように、金箔瓦を使用した城郭についてはある程度絞ることが可能になってきたということで、これはたいへん大きな成果ではないかと思っています。

天守

それでは最後に、天守に行きたいと思うのですけれども、まず『図録』あるいは今回のチラシには思いがあります。一つには岡山城の天守が描かれています。そして大坂城と肥前名護屋城の天守も描いております。なぜ岡山城天守なのかということですが、単純に私がこの天守絵図をすごく好きだということだけではなく、安土城天主を彷彿させるのではないかということです。平面が不等辺多角形であって、どうも安土城にイメージが似ているということで、今回この絵図が展示されているわけです。

さて、質問の一つに「岡山城はほんとうに安土城の影響を受けたのでしょうか」というものがあります。これはチラシや『図録』の表紙を飾った岡山城の印象からでしょうかね。この質問については乗岡さんにコメントをお願いします。

乗岡　先ほどの木戸さんのお話じゃないですけど、安土城の天守を見たわけじゃないので、逆に何とも言えないのですが。

岡山城の天守台は他に例のない不等辺五角形です。これは安土城を真似たからという見方もあるのですけど、厳密には天守台の形は違いますし、岡山城の天守台は安土城のような穴蔵式ではありません。したがって、イコールやミニチュア版、簡略版といったものではありません。

岡山城の場合はこの五角形を意図的に作ったか否かという点は、煮詰めると水掛け論に陥ってしまうのですが、背後に埋め込まれている自然丘の形に大きく規定されているのは事実です。では安土城はどうなのでしょうか？

いずれにせよ、方形あるいは長方形ではない多角形の天守台によって基底の形が決まり、上方は方形プランを志向して天守を建てていくという意味では、安土城と岡山城はずいぶん共通したところがあるんだと思います。ついでに言うと、いわば普請と作事のせめぎあいの結果が、各城独特の天守の美しさを生み出しているのだと思います。

それから、よく建築史のほうで言われています望楼型天守。御殿の上に塔を載せた形という意味では、岡山城天守は最もそうしたイメージに相応しい天守です。図や古写真に記録がある天守も含めて当時の状況が伝わる天守の内では、例えば広島城の天守より、岡山城の天守のほうが安土城の天守のイメージに一番近いという現状はそのとおりです。

中井　ありがとうございます。質問にそういうものがあったということで、天守を議論する切り口にしていただきたかったのですが。

実は、先ほどの木戸さんのお話で「殿守」という言葉が「天守」に先行してある。あるいは

「天主」という言葉もあるということで、これも実際石垣が戦国時代にあって、織田段階で大きく様変わりする。瓦もあったのだけども、織田段階で金箔瓦が導入されるというのと同じように、実は安土以前にも「天主」あるいは「殿守」というものが存在していたようです。

この天主も十六世紀後半のうねりのなかで、出現したもので、何も突然変異的に出現したものではありません。私たちは四人ともに考古学を専門にしております。天守というのは、そういう意味ではたいへんに扱いにくい材料なのかもしれませんけれども、木戸さんが今回切り込んでくださいました。

さらに天守については、建築だけではなくて理念的なものとして意味を持っていたことが今回わかったのですけれども、質問の一つに、やはり秀吉がなぜ「天主」から「天守」に変えたのかということに興味を持ったということで、その「守」という字に込められたメッセージはいったい何だったのだろうか。想像になるかと思いますけれども、何か聞かせていただきたいという質問があります。

マイクが加藤さんのところへ行ってしまったのですが、「主」と「守」というところで、いままで織田系と豊臣系という違い、いわゆる独善的なものから粗製濫造というようなことがあったのですけれども、天守についてもそういったことが言えるのかということですね。

木戸　言葉上では、やはりしっかりと文献に出てきていますので、歴史を理解するという意味においては、われわれがそれを何らかのかたちで理解していかないといけないわけです。信長段階が「主」で、秀吉段階が「守」となったときに、やっぱり「主」というのと「守」という、何となく違いを感じますよね。いわゆる「天下布武」と「天下静謐」の違いのように、「天下統一」でもいいですが。やっぱり、そういう意識の差に、言葉の使い方の差もあらわれていくのかなと、おぼろげに思っている次第です。

やはり天の主《あるじ》になっていくというのと、天をみんなで守っていくというのか、私が守っていくのだという意識とでは、差があるのかもしれません。まあ、文献の人に聞くと、これは「てん」と読んではいけないと、いつも怒られます。これは「あま」と読みなさいと言われます。中世では、この「天」と書くときは「あま」と必ず読むらしいです。「あま」というのは天皇が支配する治世のことを示しているとか。だから、信長も実は天皇を超えようとしたのではないのですよということとして認識をしなければだめのようですね。

もしもそうだとすると、やはり信長も超えようとしているのではなくて、天の主を自分が武で支配をしていくお手伝いをするのですよという意味合いとなりますし、秀吉だと天下静謐なり天下統一ということを目指していくのだと。だから、あくまでも「もらった官位は関白であり」みたいなことです。信長も最後は、征夷大将軍、関白、太政大臣の三つのどれかを選択しようとしていたわけですし。結局は誰も天皇を超えられないわけです。

そういう織田政権の政治の位置付け、豊臣政権の政治の位置付けのなかで、考えていくと理解しやすいのかもしれないと思っています。そのなかの一つのアイテムとして天守があったという理解です。その総称として天守があったということですね。そして、そのシンボルとして、瓦や金箔や高い石垣があったということじゃないかなと思っています。それが一つ。

ついでにもう一点だけお話させていただきます。時間の都合もあって申し訳ないのですが、私の資料（97頁図3）で、なぜこの岡山城の木組み断面図を付けたのかという話をするのを忘れていました。ちょうどいまいい機会なので、この天守の断面図についてお話したいと思います。信長がこのような天主を建てたときに、例えば『信長公記』のなかに「信長さまが唐様を学び」という言葉が出てきたり、それから天主を「唐様に仰せつけられ」たりというような言葉として出てくるのですが、室町文化のなかでの唐様というのは何を示しているかと言いますと、禅宗様式の建物形式ですね。そういう様式を唐様という言葉で示しています。

室町の公家文化のなかでの唐様というのは、いわゆる金閣に代表されるような、高楼で、高欄の付く廻り縁のめぐる高殿式の建物を指します。書院とか、質素な禅文化を象徴するものとして位置付けられているスタイルが唐様なの

です。では、わざわざなぜそういう文章、信長さまは「唐様を学び」というかたちで書かれたのかということです。

信長はやはり、武士として当時の公家文化の唐様というものを下敷きにして様式を考えていたのだと言うことだと思います。その唐様のひとつの象徴がまさしくこの天主の望楼でありまして、この最上階上の望楼の部分です。この建物がまさしく唐様を象徴した建物になります。個々の壁には、お寺でも見られるような華頭窓があり、高欄擬宝珠もの回廊、縁側のあるこの建物。これが二階建て三階建てになると金閣、銀閣寺、五階建てになると天主となるわけです。

さらに、建て方として望楼を、これまでの平屋御殿の大屋根、もしくは二階建ての仏殿式の大屋根の大棟の真ん中を切り落とし、ここへ望楼をひっつけることで高い塔式の建物にした。そういう形式の塔スタイルの天主を信長がつくったこととして、私は理解をしています。

これこそが、まさしく建築様式としての信長がイメージした唐様を応用した城郭の建物ということです。彼は、この望楼というものを非常に重要視しているのではないか。だからこそ秀吉段階でも望楼天守が非常に多いということです。ちなみに江戸期になると、そういう建て方の天守はなくなり、外観上の美的様式が望まれたので、例えば回廊に出られなくなり、階層的に上に行くに従い小さくなっていく本当の意味での塔のスタイルになり、外見だけのものになっていきます。しかも、大棟に望楼を落とし込んだものではなくて、こういう木組みの組みやすさや、重心的な問題もあるかと思うのですが、いわゆる層塔式という建物に変わっていきます。当初の唐様という意識を完全に失ってしまっているのがよくわかるのではないでしょうか。ということで、私はこの唐様を非常に大切に考えています。もちろん、唐破風から千鳥破風の多用ということも含めてです。そういうふうに思っているのですけどね、加藤さん、どうですか。

加藤　天守のことですけど、天の主と天を守るという、やっぱり秀吉政権で何かが変わるのだということだけは事実だと思いますね。信長がやろうとしていたことを秀吉は基本的に引き継いでいくわけです。それだから信長は秀吉より有利になるわけです。信長は誰の真似をするのではなく自分でやればいいから。

信長と秀吉が大きく異なる点は何かと言えば、秀吉はもともと天下の主ではないのですね。信長が天下の主であって、その下にいる何人かの候補のなかの一人にすぎないわけです。その何人かの候補を押しのけて自分が信長の後継者たる地位を得ないといけない。そこに信長と秀吉の大きな差があるのだろうと思います。やっていることは同じだけれども、もともと立っている基盤が違うという理解をしていくと、秀吉の粗製乱造というのがわかってきます。フロイスは的確ですよ。だから「あらゆる機会に自らを飾り立てて、信長の後継者たる地位を天下に示そうとした」というような書き方になるわけです。しっかりと、信長、秀吉を見比べているのですね。

いま木戸さんが天守と唐様についてお話をなさいました。それについては、私自身もそれでいいのではないかなと思っています。いわゆる室町文化の楼閣建築の系譜を引いているというのは、うまく利用しようとしていたとも置き換えられますし、むしろミックスさせようとしたというのがいいと思うのですが。

私が気になるのは、ずいぶん前からずっと言われてきた、櫓が天守になったということです。それは違うよといつも考えているのですけれど。これは私の個人的な見解になります。櫓は絶対天守にならないと思います。櫓はいつまでたっても櫓で、天守には絶対なれないと。そこに何らかの発想の転換が介在しない限り、櫓はしょせん櫓のままで一生終わってしまうわけです。

飛行機がスペースシャトルになれないのと同じです。両者ともに空を飛ぶ道具に変わりはありません。しかし、スペースシャトルは宇宙空間も飛ぶことができます。ところで、みなさんは「スーパーマン　リターンズ」という映画を見ましたか。この映画のなかで、飛行機の上にスペースシャトルを載せ、成層圏近くまで上昇して、そこでスペースシャトルを切り離そうとするシーンがあります。だけど、何らかの故障によって切り離すことが出来なくなる。飛行機は、そのままスペースシャトルと一緒に成層圏を突入していくことになるのですが、飛行機はしょせん飛行機ですから燃えて落ちていくことになります。だけど、スペースシャトルはそのまま上がっていく。

スペースシャトルが天守で、飛行機が櫓なのです。櫓は、あまりに無理して高みに上がっていくと崩れてしまうと。これは僕がそう思っているというだけですので、そういうふうにご理解ください。

中井　そういうふうにご理解してくださいということで、聞き流していただいてもけっこうです。

木戸さんいわく、いわゆる天の主と天の守というところで、例えば私が単純に思うのは、秀吉というのは忠実な信長の部下であり、信長のやってきたことを継承するということを考えれば、天の主をそのまま使えばよかったのに、そこであえてそれを使わずに守を使った。そのなかの意味はわからないにしても、やはりそこでは信長の思っていた思想とは違う思想が秀吉のなかに芽生え、それが天の守になったというふうに考えて、木戸さん、よろしいでしょうか。

木戸　というか、僕はやはり信長と秀吉は、加藤さんもおっしゃったように、基本的にバックボーンがまず違うと思います。信長はあくまでも武家の出なんですね。秀吉は農民の出でとても苦労してはい上がってきた。成り上がりとも言われますが、ほんとうに下積みから少しずつ努力して上がってきて、そして、瓢箪から駒かもしれませんが、やっと天下を手に入れたのです。そういう地位に自分が就いた時、これから自分が一番トップに立って日本を治めていかなければいけないような状況になった時に、最初からしっかりとした信念、バックボーンを持ってやっているのと、周りの目を伺いながら、自分ひとりでこれからいろんな事を考えてつくっていこうという人の違いは、その差が大きく出てくるのではないかと思っています。それで、秀吉は精神的なよりどころを求めていく。公家社会、武家社会での精神的なよりどころって、かなりあると思うんです。だからこそ秀吉は非常にものに執着するようになるんじゃないかなと思います。はじめは羽柴や豊臣という名前を家臣に与えたり、天皇に上奏して家臣に官位をもらってきて与えてあげたり、刀はあげる、茶道具をあげるわ、陣羽織はあげるは。だから、それで、私を見捨てないで、お願いだから私の家臣になってね、みたい感じですね。私を裏切らないで～という感じです。

信長は、それと違って、己の信用しているのは、自分と自分の血筋だけみたいな感じで、賢い者、役に立つ者は登用するけれども、それ以外の者は一発で切るという、はっきりした考え方を持っていると思いますね。そういう意味では、あの有名な、「鳴かぬなら……」のウグイスの話のように、この三人ははっきりと性格が分かれていて面白く、また歴史の楽しいところじゃないかなと思っています。

ついでに言うと、徳川は家臣との繋がりを、非常なシステマテチックなものに置き換えていきます。株式会社だと言ってもいいでしょう。支店長や社長の関係。一度も社長の顔も見たこともない社員に対しても辞令交付一枚で国から国へ移動させる。あそこの城からあちらの城へ行かせたりするわけですよね。そういう世界を造っている
おそらく信長は少なくとも全員の顔や名前や性格も知っていたりして把握していたことでしょう。人間というものをよく知っていると思うのです。秀吉はあまねく全員にたいして自分にいい顔をしてほしいと思うようなタイプの人かなと思ったりするのですが、たぶん二人は全然違う。だから形は真似しても、真似できても本質は全然違うし、違う方向に行くと言うことです。

加藤　爆弾発言はしませんけど、みなさんの頭のなかに、織田信長と言ったら顔が浮かんできませんか。同じように、豊臣秀吉と言っても顔が浮かんできますよね。当然、徳川家康の顔が浮かんできますね。それだけみなさまのなかに、信長、秀吉、家康というのはイメージとして浸透し

ているわけですよ。

そういうバックボーンとなる知識があって、その信長がつくった城である安土城の瓦を見たときに、「ああ、やっぱりきれいなんだ」というイメージで、自然に受け入れてしまう。秀吉、あぁ、しょせんサルかと、そういうイメージもありますよね。それもまた、僕らが持っているイメージであって、僕らが勝手につくり上げた虚像であるわけです。実際の秀吉は、ちがうのかもしれない。秀吉にとって最も不幸だったのは、あの信長を超えなければいけなかったというところですね。彼がかわいそうだったと思うのは、前が信長だったことに尽きます。

仮に前が信長ではなかったら、もっと楽だったのかもしれないですよ。秀吉自身の生き方も、城のつくり方も。ただ、信長が前にいた。先に走っているのが信長で、いつのまにか信長がコロリと死んでしまった。で、気が付いたら自分が先頭を走っている。あとにいっぱい人がついてくる。「困った、困った、困った、どうしよう」というのが、いつわらざる秀吉だと思うのです。それを冷静にみていた家康が、その轍を踏まないようにうまく株式会社をつくっていったという結論になってしまいます。

結論は中井さんにお任せしたいと思います。あまり中井さんに物を言わせないでほっておくと寝てしまいますから。

中井　ちょうどうまく時間もまいりました。このまま突っ走ると史実なのか講談なのかわからなくなりそうで、時間が来てホッとしております。

さて、本日は「信長の城・秀吉の城」ということで、最後にシステマチックな徳川家康が現われ、このあとに徳川家康の城郭を入れれば、さらに明確に織田の城と秀吉の城と、徳川の城の違いがわかったと思います。

それは、例えば天守一つとっても信長は居住する、秀吉は大坂城の天守のなかに座敷はつくるけれども居住はしない。徳川家康は、天守のなかというのは、もう倉庫と同じなんですね。外見のみが引き継がれるというかたちになっていくようです。

もう少し家康の城というのを入れればよかったのでしょうけれども、どうも何かパネリストのみなさんも信長・秀吉は好きなのかもしれないけれども、家康というのがそうあまり目立ってこないようですか、これについては次回、また「家康の城」というような特別展覧会をぜひこの安土城考古博物館でやっていただければ面白いと思います。

さて、時間が押してきているのですが、最後になぜ今回「信長の城・秀吉の城」というテーマでシンポジウムや特別展覧会をしたのかという意味合いというか狙いについて、各パネラーの方にお話いただきたいと思います。

ただ、信長の城と秀吉の城、いままで織豊系城郭と言っていた一つのものが、かなり違うのだということはわかっていただけたと思います。さらにそれがいったいどういう影響を与えたのか、あるいは、その後の江戸時代の城郭とどう違うのかということも含めて、お一人ずつお願いいたします。

木戸　今日はたくさん話しましたので、僕は非常に満足しております。ここで三人がくどいように言っておりますように、信長の前段階というのは過渡期で何かが成熟しようとしていた時代だということを非常に強く思っています。そのなかから何か滴が一つ水のなかに落ちるがごとくの事が起こる。それが信長という人間の出現です。彼が新しい一つのかたちをあらわしてくれたということで、非常に信長の存在意義というのは大きいだろうとそう思います。

　しかし、ただし、それはやっぱり神を超えたりとかというような現代人が勝手に考えたような、突拍子もないことではなく。細かく研究していくと、実は彼はとてもトラディショナルな方向性というものを非常に強く持っている人間として生きているように思えます、彼はしっかりとものを見据えて生きている。室町文化のなかで、武士として、物を見つめながら、当時ある技術力にどこにどういうものがあるのかをしっかりと捉え、彼なりの活用方法や消化の仕方を考えている。そういった時代の全ての物を自分のかたちとして吸収し、どういうふうにして新しくしていきたいのかいうことを、しっかりと自分のなかでとらえられて行動できた人ではなかったのかなと思っています。研究すればするほど非常に強くそう思うようになってきました。

　さらに、かわいそうなことに、そんな信長が早死にをしてしまいましたので、その結果として秀吉は政権を取ることになったということです。結果として、先ほど言いましたようにバックボーンのなさみたいなところから、彼は彼なりに彼の流れのなかで、一所懸命頑張って生きていくしかなかった。たぶん、彼はそれがよくわかっていたと思うのです。そのなかで、いろんなことを繰り返しやってみた。とくに信長のやってきたことを反すうしながら、おそらく聞いていることもあっただろうし、イメージも持っていたこともあっただろうし、そういうもののなかから自分なりに整理をしていって、秀吉は城づくり、それから政権づくりをしていったのだろうと考えています。

よく言われますけれども、信長もやっぱり生きていたら渡海をしたのかなという話もあります。秀吉は渡海をした。大坂城をやっぱり信長はつくろうとしたかなとか、秀吉の城を見ることによって、何か楽しい信長の、ほんとうは生きていたらこんなことをしたかもしれないということも、おぼろげながらわかってくる。最近は、そんな気持ちでも考えています。

徳川時代というのは、これらとは違いがらっと変わってしまってシステマチックになる。そういう意味では研究の対象としては、あまり僕としては面白くないわけですね。だから、織豊城郭という言葉ができたのだろうと思うのですが、織豊期としては信長の段階は非常に短い、信長よりも秀吉のほうが長いからいろんな事をしていてくれて解りやすい。資料も多いのでよくわかる。最近、秀吉段階のことのほうが面白いと思っています。発掘調査も非常に進んでいますので、今後もっとおそらく進展するだろうという気がします。今日のなかでも今後の研究のポイントみたいなものがいっぱい出たと思っているんですけど、今後はもっとそのあたりを突き詰めていくことによって、より面白い展開が生まれると非常に希望的観測を持っています。

加藤　私も話し尽くしましたので、あまり話すことはないのですけど、やはりこの図録の表紙はいいですね、ポスターやチラシにも使われていますが。私は、非常に城好きですけど、この図録の表紙を見ると、安土城の天主は本当の姿はどうだったのかなと思ってしまうのですね。無いものねだりですから、思ってはいけないと思いつつも、やはり安土の城の天主というのはどんな姿だったのかなと考える自分に気がつきます。秀吉の大坂城は、大坂『夏の陣図屏風』とか『冬の陣図屏風』とかありますので、ある程度まで推測可能なのです。

今、現在イメージとして、私たちが持っている安土城天主は、個々にバラエティーはあるものの、おそらくそう大きな違いはないと思います。もし、狩野永徳の描いた安土城図の屏風がひょこっと出てきたときに、全然違う姿だったら私たちはどうするのかなと思うときがあります。私たちは、この図録の表紙にある岡山城に近い、もしくは似たイメージを抱いているんですけど、全く今の城のイメージを破壊するようなとんでもない姿をしていたら「俺たちはこの二〇年間何をやってきたんだろう」というよ

うな気になるのかなあと、非常にくだらないことを考えてしまいます。

　本日のシンポジウムは、非常に楽しみにしながらやらせていただきました。自分たちの描いていた織豊城郭のイメージが、ある程度定着してきている、たいへんうれしいことです。もう少しみんなでいろいろ研究を進め、秀吉と信長の違いがさらにわかってきて、さらにそれが徳川と違うということが体系的にとらえられるようになったらいいなとも思っています。そして、その違いや発展過程が、誰にでもわかるようになっていけばいいのになと、今日話をしながら思っていました。


乗岡　僕のホームグランドである岡山城。これは地表に残る姿は池田期つまり徳川段階のお城です。その下には小早川秀秋期、そして宇喜多秀家期、つまり秀吉段階の城が埋もれていました。さらに、その下には同時にあった信長の安土城とは比べものにはならない、高石垣を持たずに土塁で固めた宇喜多直家期から秀家若年期の城が埋もれていました。およそ元和年間以前には曲輪が頻繁に改造されたのです。

　ここで何が言いたいかというと、いままで城のイメージというのは、現に見える遺構や絵図に示された城、つまり、たいていが徳川段階の城を見て総てを考えてきたのに、やはり信長、秀吉段階の城は、それぞれに実体が徳川段階の城とは違うということが判ってきた。考古学という手段を用いて、城の研究はそういう段階を迎えたということです。

　それから、前代の城郭構造を埋め込む意味を考えるのも面白いと思います。大坂城では徳川期の構造の地下に豊臣期の構造が埋め込まれているのも有名な話ですが、これらには、それぞれの城史にまつわる個別性があるのは言うまでもありません。全体とすれば、築造技術の革新によってよりフリーハンドな曲輪や石垣の構築が可能となったことや資金・築造技術者の確保などの条件整備が整うタイミングの問題、また櫓や門の増改築とも絡む軍事面で補強、御殿敷地の確保など曲輪の拡大、石垣の孕み出しや崩落に対する構造的補強などの諸目的が複雑に絡み合っているに違いないのですが、内には前の城主のものは使い勝手が悪いと思えて、そのまま使いたくないといった感情や、人心の一新というメンタル的な要因が作用した場合もあるんだろうなと思いたくなる場合もあります。前の構造を直すということは強い意志の現れであり、前段階に対して変わった点は、当時としては重大案件と思われた事柄であったはずです。一つひとつほぐしていけば、それぞれの城や大名個人の個性が読めるかも知れません。

いま僕は、徳川期の新しい石垣を見ながら、ひょっとしたらこの奥に秀吉段階の石垣が埋もれているんだろうなということを考えながら城を歩く癖が付きました。今後さらに各城で発掘調査が進めば、この三段階の城の違いが、もっと緻密に判ってくるでしょう。

そういうなかで、城から見る限り、信長とシステマチックな家康のあいだの秀吉こそ、一番人間らしさが窺えて面白いなという気がします。あの粗製濫造は、彼にとって何が本質的で、何なら手を抜いていいのかというところが、直に見えてくるわけです。

また、城からみて秀吉が果たした大きな役割は、政治の場と軍事拠点と城主居館としての要素が実体として調和し、それには視覚的演出効果も付加された巨大構築物、また領国の商工業や交通の拠点、経済中枢としての城下町を携えた織豊系城郭という一定の様式をもった城を、点ではなく、面として全国に普遍化させた事だと思います。高石垣を伴い瓦葺建物が林立する城郭中枢部を生み出したことにも増して、近世城下町という、ある意味では等質的な新興都市を各地に出現させたことは重要です。この事は、瓦葺き建物の林立景観や茶の湯などを含む衣食住の形態、はたまた住人のライフスタイルなどを含む、近世都市文化の全国展開をもたらしたのです。しかも、秀吉の段階に形成されたその城下町を礎に現在の市街地が形成されている場合が多いことは皆さんご存知のとおりでしょう。大胆にいえば、信長は天主をいただく城郭景観を生み出したのに対し、秀吉は天守を背景に瓦葺建物が連なる城下町景観を全国規模で生み出したのです。家康段階の城は、秀吉段階の城のそうした内実を拡大的に継承しつつ、実体としては秀吉段階の構造をできるだけ覆い隠して改修を図り、城の大型化と軍事の先端化、そしてシステマチックに効率化と制度化を進めるなかで不必要な要素の形骸化、象徴化を果たしました。その意味では、秀吉の城がなければ徳川期の城もないのです。

最後に、今日みんなが喋ったように、秀吉・信長・徳川の三段階の城の違いが少し見えて来たような気がしますけども、これは主に為政者の側、築城させた側からの視点、論点ですよね。それはそれで、大切ですし、城を対象とした考古学の立場から政治の世界をどうとらえるかという方法論を詰める必要も出てくる訳ですが、考古学の立場で有効に迫れ、かつ必要なもうひとつの視点は、築城に動因された人々の側からの視点です。例えば、職人さんの世界、名もない石工さん、あるいは瓦師さん、大工さん。当時はそれぞれがそれぞれなりに生き、考え、いろんな動き方をしていたに違いないのですが、彼らが三人の最高権力者や城主としての大名権力との兼ね合いで、どういうふうに位置付けられて編成されていったのかということです。例えば、その城の瓦を作った瓦職人はどうした技術系譜や出自を持つのか、彼らは天下人から派遣されたのか、城主が独自に呼んだのか、需要に応じてその自由意志で来て作ったのか、他所で焼かれた瓦が製品として入ってきたのかといった問題です。これは、瓦が当時どの程度まで自由商品化され、いかに流通したのかといった事とも絡んでいます。その実体が、全国の各地の城とも同一パターンであったとはとても思えません。それから、家臣の視点からのアプローチもありえるでしょう。これは、本城を取り巻く支城のあり方の問題、城の警固体制、普請・作事事業の管理体制の問題なども絡んできます。

城造りに動員される側、職人や家臣の側から城を見ていった場合もまた、秀吉・信長・徳川の三段階というのは、具体像はきっと違うのだろうなという見通しを、僕はある程度は持っています。

以上、喋ったような事を、今後はもっと立体的に深めていく。今日のシンポジウムはそういうきっかけになる、画期的な一日となったという印象を持っています。

中井　ありがとうございました。みなさん、しゃべり尽くしたとおっしゃっていますが、決して僕はしゃべり尽くしていないだろうなあと思います。おそらく、これからアルコールが入れば三人とも一晩中でも城の話をするだろうと思います。

私たち昨晩からずっと城の話をしていますが、まだまだ面白いことが聞けるのではないかなと思うのですが、時間も来てしまいましたので、一応これで終わらせていただきます。城郭は単に軍事的防御施設だけではなく、信長や秀吉の思想を具現化したものなのです。それから、今日やはり戦国時代の城の構造と、織田信長の城の築き方、あるいは豊臣秀吉の築き方が違うのだというところが、大雑把ではありますが、お話しさせていただけたのではないかと思います。

あと細かい点については、まだまだこれから分析をしていかなければならないと思うのですが、過去二〇年間ほどの成果のエッセンスみたいなものが、今日お三方のパネラーの先生方から聞き出せたんではないかと思っています。

これでパネルディスカッションを終えたいと思いますが、最後まで立たれることなく、聞いていただき、たいへんありがとうございました。

不慣れなコーディネーターで、みなさまにはたいへんご迷惑をおかけしましたが、なにとぞご容赦ください。それではこれで第二部のパネルディスカッションを終えたいと思います。最後までご静聴いただきまして、どうもありがとうございました。

第三部　織豊系城郭の展開

一　山梨県甲府城跡の調査

宮里　学

はじめまして。山梨県教育委員会の埋蔵文化財センターに所属し、数年来甲府城の調査と整備を担当しております宮里と申します。本日は、これまでにわかってきた甲府城の歴史や調査の成果をご案内させていただこうと思っています。

山梨県にご旅行などでお出かけくださった方がこの会場にも多くおいでのようですが、山梨はいま観光立県ということで、富士山を世界遺産に登録しようと県庁全体で一所懸命に活動しています。そして同時に、これからお話しする甲府城のPRにも努めています。甲府城は十数年前はものすごくうっそうとしていたのですが、平成二年から山梨県土木部と県教育委員会が「舞鶴城公園整備事業」を着手して以来、年々整備されきれいになって参りました。反面、わびさびといったような昔の面影がなくなったというお叱りもよく受けたりもいたしますが、県庁所在地であるJRの甲府駅から歩いて一、二分のところで東京から一時間半という好立地ということもあり、

近年は東京方面からの旅行の方を中心に非常に多く来県いただけるようになりました。

昨日は近江八幡市を歩き、八幡山城までロープウエーに乗って山頂まで上がりました。麓のお堀とか古い町並みなどを見せていただき、さすがは戦国の城下町だと羨ましく思い、同時に自然が残され町ときれいに調和し活用されていることにびっくりしました。

山梨県も都市計画を含めてさまざまな面できれいにしているのですが、やはり太平洋戦争で空襲に遭って全部焼けてしまったという歴史もありますので、なかなか厳しいところがあります。そんな状況を踏まえて見せていただくと、近江はやはりすごいなと感じます。実はいま、ひざがガクガク笑っているのです。今日の午前中に観音寺城を見るため観音正寺さんの方から登らせていただき、つい先ほど下りてきたのですが、戦国時代の文化や色彩が非常に豊かに残っている地域だということを実感しました。ではこれから、山梨のお話をさせていただきたいと思います。

さて、今日お話しする内容は全部で大きく四つあります。

最初に甲府城というのはいったいどういうお城なのかということと、どのような歴史的背景があって造られたのかというお話をしていきたいと思います。そして具体的に、発掘調査での成果とそれが甲府城の歴史的位置付けや再評価にどう繋がるのかという話を、城内から出土した金箔瓦の話と家紋瓦の話、そして甲府城の最大の特徴である野面積み石垣の話の三つを軸にして、最後に現在どういうような文化財的事業や活用が進められているのかということをお話ししていきたいと思います。

スライドを約五〇枚用意しておりますので、今日は甲府城へ旅行に行ったつもりで、見ていただければと思います。

山梨県と甲府の地勢

まず最初に甲府城と山梨県について、営業も兼ねて少しお話しさせていただこうと思います。山梨県は東京のほぼ真西にあり、東京の新宿駅から特急に乗って一時間半ぐらいで甲府に来られるのです。東京を起点にしますと、だいたい一〇〇キロあります。中央高速道に乗っても約一時間半から二時間というところです。

東京からは非常に近いのですが、あいだに関東山地が走っていて東京の文化圏ですがベッドタウン化していません。里山がよく残っていたり、自然の豊かなところであります。県土の面積は小さいほうで、人口も八八万人ぐらいです。四七都道府県のなかでは少ないほうだといえます。

山梨県の東は東京都と神奈川県、西から北にかけては長野県と埼玉県、南は静岡県と接しております。山梨の真ん中を中央線、あるいは中央自動車道が東西方向に横断し長野県に抜けていきます。それから甲府から南下する路線が身延線で、日蓮宗の総本山身延山久遠寺を通過し静岡に抜けます。これらのルートが山梨の大動脈です。

江戸時代あるいはそれより以前は、日本の三大急流の一つである富士川が甲府盆地から太平洋に注いでいるのを利用して、明治時代までは山梨県の大動脈として、物資物流はすべてこの富士川舟運が機能していました。五街道で甲州街道というのがございますけれども、先ほど申しあげた関東山地を通るのが、冬場などは特にきつかったので利用はされていたものの、大量物資の運搬には中・近世、特に近世を通じてこの富士川が山梨を支えてきた歴史があります。

県庁所在地や商業、学校、居住地域は甲府盆地に集中していますが、もうひとつ富士山の付近には観光地で有名な富士五湖地方があります。富士吉田とか河口湖、山中湖などは観光地として有名なのですが、大きく分けるとこの二つの地域に人が集まって住んでいるという、非常にコンパクトにまとまっている県です。

山梨と言えば桃とブドウの果樹が盆地特有の寒暖の差という気候を利用して栽培されており特産となっています。これから年末に向かって、山梨にお出でいただきますと、今年採ったブドウの新酒がたぶん飲めます。そのブドウの果樹地帯は甲府盆地の東側あたりになり、なかでも勝沼や一宮は果樹のブランド産地として有名です。また、現在はほとんど採掘されていませんが、金山が有名です。身延町には湯之奥金山資料館という博物館があり、砂金採り体験ができると大変人気があります。盆地の周辺の山々から金が取れるため、戦国時代には武田氏の軍資金となり、隠し金山や金山にまつわる色々な伝説を残しています。このような金山も含めて非常に自然や歴史文化が豊かであり、東京近郊でありながら人口もほどほどということで、住みやすい環境にあります。

甲府城の概要

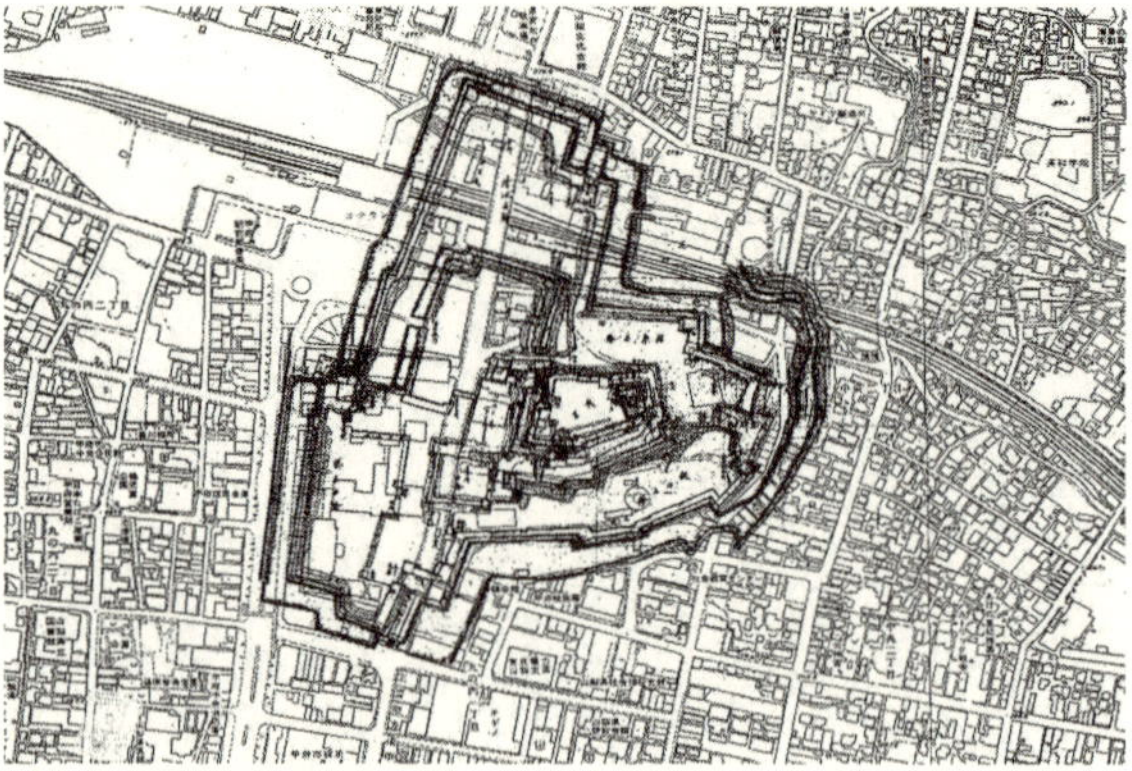
図１　甲府城と市街地

いまからお話する甲府城の位置についてですが、日本列島のちょうど真ん中ぐらいにある山梨県の県庁所在地である甲府市にあります。

ＪＲ中央線が山梨を東西につなぐ唯一の鉄道なのですが、その中央線の甲府駅が明治三六年頃に甲府城の北側半分を取り壊し敷設されました。したがって、甲府駅は旧甲府城内に造られたことになります。その他に、甲府城の西側一帯を中心に、やはり駅前ということになりますのでだいぶ土地開発が進みました。石垣は取り壊され、堀は埋められてしまったりということで、外周部分から徐々に埋め立てられてしまいました。図2に示した実線が県指定史跡甲府城跡・都市公園舞鶴城公園の範囲で、図1に書き込んでいるのが一七〇〇年初め頃の甲府城の範囲ということになります。

年末になると忠臣蔵に出てくる柳沢吉保という人物が

います。この柳沢吉保は、戦国時代には武田家家臣の一人であった人物の流れを持つ人で、現在の山梨県北杜市武川出身なのです。甲府城が築城されてからおよそ一〇〇年後、西暦で言うと一七〇〇年ごろの人物です。柳沢吉保は五代将軍徳川綱吉のもとで出世を重ねて、やがて側用人という幕府の重職にまで登りつめた人です。ドラマや小説などに登場しますが、残念なことに非常にイメージの悪い人物として描かれてしまいます。甲府城主として実際に在城したのはその子供の柳沢吉里ですが、二人の甲斐国における当時の実績を見てみますと、ご先祖の土地に大名として戻って来たことを大変喜び、城下の整備や文化的発展、生産基盤整備などいろいろ尽くした人物なのです。私はお話をする機会があるごとに吉保の話をするのですが評判が上がらず、まだまだ努力が足りないと思っています。

甲府城で最も重要な城郭絵図が吉保の藩政記録『楽只堂年禄』一七三巻の絵図（口絵7頁）です。今お話しした柳沢氏が甲斐国を受領した宝永二年（一七〇四）頃のもので、甲府城がもっとも整備され、建物も多く建っていた時期です。現代の測量図と比較しても誤差があまり無い正確なものです。この絵図から約一九ヘクタールを堀と石垣で囲んだ平山城の全体像がよく把握できます。

しかし、お城の北側三分の一はもうすでに中央線開通に伴い消失し、西側の南北方向の曲輪群も明治時代以降に市街地化されてしまいました。明治以降は全国各地の城郭が同じ運命を辿るのですが、堀が埋め立てられて、建物は売却されて平地になって学校が建ったり、県庁ができたりという状況で、現在残っているのが天守台や本丸を中心としたおよそ六ヘクタールの範囲ということになります。

天守台や本丸をはじめ階段状に各曲輪が下がっていくのですけれども、幸運なことにお城のいわゆる中枢部分が残っていますので、非常にコンパクトに見学いただけますし、石垣がよく残っておりますので、そういった意味では半日ぐらいゆっくり見ていただけるような状況になっております。

ただ、周辺は市街地化してビルや建物がけっこう建っていますし、つい最近では二五階建ての、山梨県のなかでは一番高いビルが、お城の北側あたりに建設されました。現在は文化的景観を大事にする法律も含め景観は地域の歴史文化の重要な要素になっていますが、なかなか景観と文化財の共存が駅前一等地では難しい問題となり、大きな課題となっています。

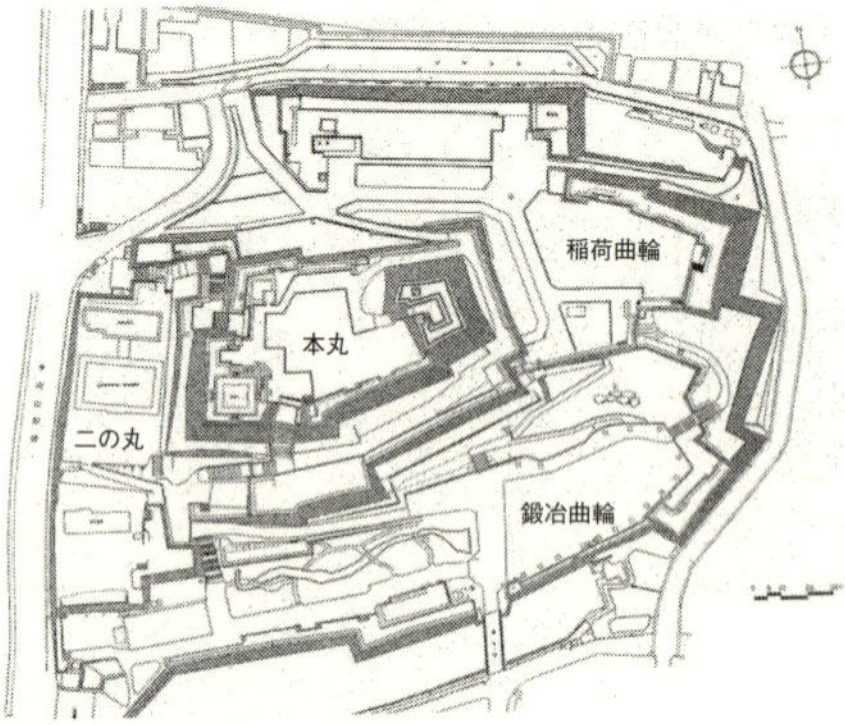

図2　現在の甲府城平面図

図2のように、天守台から本丸、それから稲荷曲輪、数寄屋曲輪、鍛冶曲輪、二の丸とか、そんな曲輪が、現在約六ヘクタール残っております。安土城に比べると小さいですが、六ヘクター

ルが県の指定史跡ということになっております。

　そして、同じ範囲が県の都市公園として、公園の指定範囲にかかわっていますので、通常私たちは県の都市公園を管理する土木部と一緒に仕事をしています。変な話、私は文化財の専門職員ですが、籍が半分土木部にあります。それは、都市公園でもある甲府城を歴史公園として調査し整備する事業を円滑に進めるため山梨県が採っている方針によるものです。文化財と開発の部署に身を置いて、何が甲府城にとって一番良いのかということを調整しながら事業を進めるのが仕事です。

写真１　現在の甲府城

　もう少し、現在の甲府城の概要をお話しします。

　写真1の中心に位置しているのが天守台です。一番高いところで、標高は約三〇〇メートルあります。盆地のどこから見ても、わりとよく見える場所に建てられていましたので、シンボル的な役割を充分果たしていたと思います。天守台の平面形は普通きれいな四角とか、若干いびつなかたちをしているかと思うのですが、甲府城の天守台の平面形は非常に複雑な形をしております。この天守台について、天守閣があったかどうか大変注目されています。天守閣の

存在を裏付ける証拠を探せといろいろと調査をしているのですが、現在のところ明確な史料が出てきていませんので、これからのお楽しみといえます。

それから城内南側には唯一の堀が残っています。江戸時代にはぐるりと三六〇度堀に囲まれていたのですが、市街地化が進み現在は南側の一部しか残っていないという状況です。

それからもうひとつ、山梨というとやはり武田信玄が有名です。県内小学校などの校外学習で生徒さんたちが来られるのですが、地元のお子さんでもおそらく十人中何人かは甲府城は武田信玄がつくったお城だと思っています。「武田信玄って、お城をつくらないと聞いたことがあるのに、どうしてこんな立派なお城をつくったのですか」なんてよく質問されてしまうことがあります。

今お話ししている甲府城は、甲府駅の一帯に造られたお城です。これに対して武田信玄のお父さんである信虎と信玄の子どもの勝頼の、武田家三代の居城は駅の北口から約二・五キロはなれた場所に造られているのです。現在は武田神社と呼ばれることが多いのですが、正式には国史跡武田氏館跡あるいは躑躅が崎館と言い、長方形の曲輪を連結し立派な堀に囲まれた、ものすごく残りの良い館跡になっています。

ですから、武田家が滅んでから甲府城は築城されたという歴史的位置づけになっています。

これからお話ししていくことは、当然甲府城は武田信玄のお城ではないということもひとつあるのですが、それよりも今から二〇年前ぐらいに書かれているお城の本などを調べると、築城者は徳川家康とか徳川氏と書かれていることが多いお城だったのです。

当時は、豊臣のお城か徳川のお城かという論争があったと聞いていますが、平成二年から発掘調査をしていきますと、間違いなく豊臣のお城であるということがわかってきました。今回の特別展の趣旨とも、そのあたりは合ってくると思うのですが、どうして豊臣のお城だということがわかってきたのかというお話を、次にしていきたいと思います。

甲府城築城の背景

甲府城築城の背景ということで、私も今回の展示会の図録を読ませていただいたのですが、このなかで非常にわかりやすい日本列島の織豊系城郭分布地図が載っており、今回お話することは、この図録のなかに書かれているのと大筋で同じお話になると思います。

では、お話を進めさせていただきます。

一五七〇から八〇年代前半、本拠地の安土を拠点とした織田信長。そして東海地方を中心とした徳川家康。当時もっとも勢いのあったその二人は甲斐国武田氏にとっては非常に関心の高い武将でした。これに対して、武田信玄、勝頼を中心とした武田氏はだいたい山梨を中心に静岡県、長野県、群馬県、埼玉県などの一部を領地化してきているという状況でした。

この武田家の実質三代目の勝頼という人物は、天正一〇年（一五八二）三月に織田と徳川の両者による連合軍により攻めたてられ、最終的には天目山の戦いと呼ばれる甲府盆地東端の甲州市大和町付近で自刃して武田家は滅亡します。山梨のなかでは非常に特徴的な年代になっています。

その後数カ月で本能寺の変が発生しますが、それまでのわずかな期間、甲斐国は織田領時代となります。織田領時代は信長が来て直接支配するわけでなく、織田家家臣川尻秀隆が代官として甲斐国を数カ月間ですが支配をしています。

本能寺の変以降の甲斐国は、東海地方を拠点としていた徳川家康の領地に組み込まれることになり、この徳川領時代は約九年間続き、後に犬山城主となる徳川家重臣平岩親吉が城代として甲斐国を支配することになります。

豊臣秀吉が全国制覇を進めていく最終段階で、小田原の北条氏が天正一八年（一五九〇）に滅びます。そうしますと、秀吉に次ぐ勢力を持つ徳川家康は、豊臣秀吉の命により、東海地方からいわゆる関八州と言われる関東地方に移ってきます。そして甲斐国は、徳川領の時代を終え、豊臣領の時代へと変わっていきます。これが天正一八年の出来事です。

豊臣・徳川を中心とした勢力範囲が形成されると、甲斐国はちょうど江戸を中心とした徳川領の西側の縁になってきます。そのなかで秀吉にとって、関東地方に入り、大きな勢力を持つ家康を監視あるいは牽制する目的が発生し、その役割を担い造られた城郭の一つが甲府城で、ここに甲府城築城目的があるということが、いろいろな史料からわかってきます。

築城背景とともに支配者をみてみると、甲斐の国は完全に豊臣領になると同時に秀吉は姉の子供で甥にあたる羽柴秀勝をはじめ、加藤光泰、浅野長政とその子浅野幸長という、豊臣家のなか

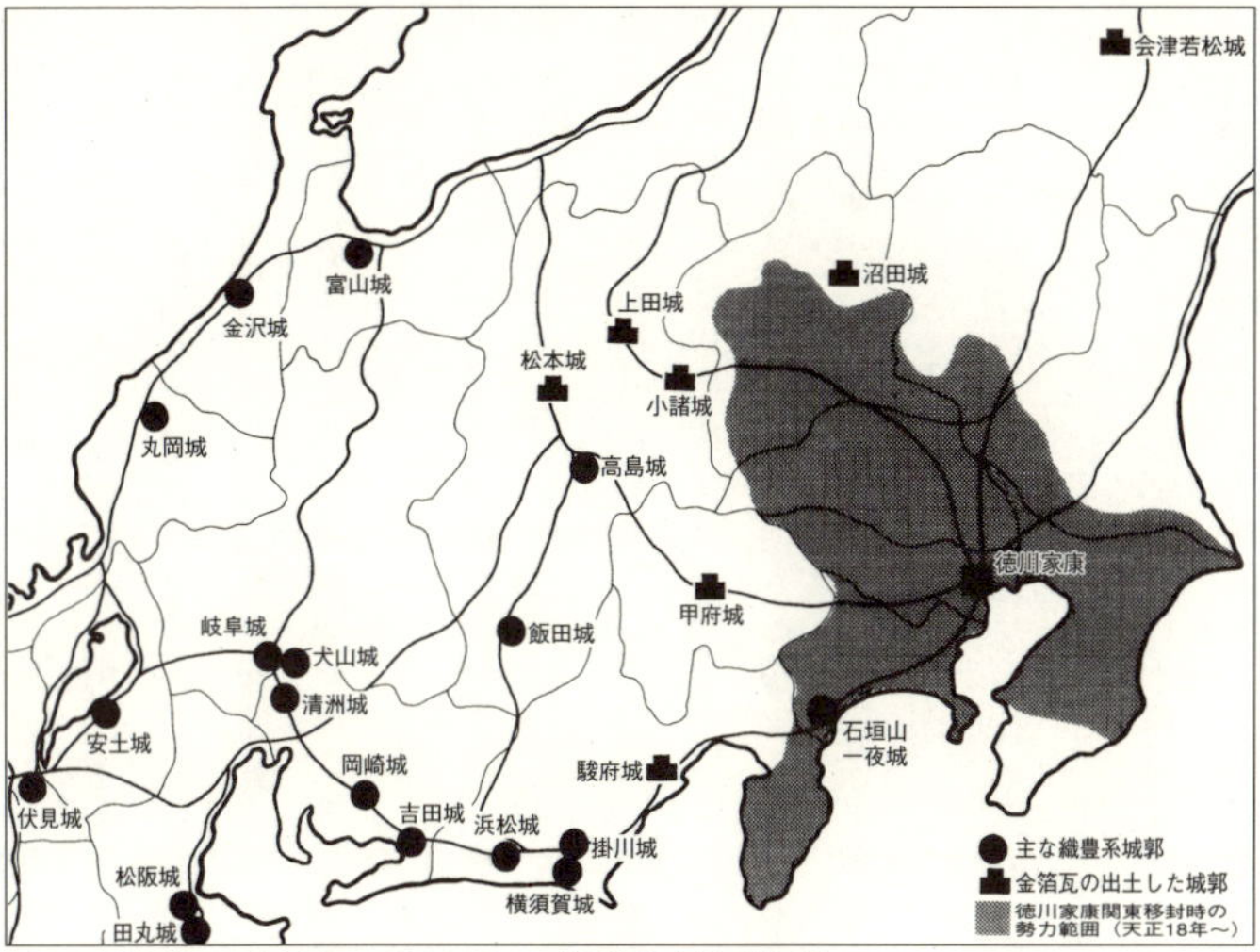

図３　徳川領と衛星的に配置された織豊系城郭（■印）

でも有力武将を次々に甲斐国に配していったというわけです。

今回の展示にも小諸城、上田城、あるいは会津若松を含めたお城で、織豊系城郭の特徴である金箔瓦が出ていますが、そういった意味で考えるとやはり同じような出土品があることから、秀吉の戦略的構想に基づく対徳川氏の監視・牽制目的で関東地方を衛星的に囲む織豊系城郭であることが図録掲載の地図からも理解できると思います。

さて、慶長五年（一六〇〇）に関ヶ原の戦いが起こり、世のなかは豊臣氏の時代から江戸を中心とした徳川氏の時代に入ってきます。対徳川氏という目的で築城された甲府城ですが、江戸時代に入ってからも重要な役割を持たされ続けるのです。

関ヶ原の戦い以降、甲斐国は再び徳川家康

が支配するところなり、再度平岩親吉が城代として入ってきます。そのあとは尾張徳川藩の祖になる徳川義直、つまり家康の九男が甲斐国を支配します。それから二代将軍秀忠の次男である忠長も途中で自刃をさせられますが、やはり将軍の子どもが支配しています。それから「生まれながらにして将軍」という三代将軍家光の子どもである綱重も甲斐府中藩を立藩し藩主となり甲府宰相と呼ばれます。その子綱豊も甲府藩主を経て、後に正徳の治を断行した六代将軍家宣になる人物です。

いずれの人物も甲府に住むことなく、城代や城番が管理するという歴史になっています。このように甲斐国は、代々将軍の子どもに与えられる領地であり、かつ将軍を輩出するなどの歴史があります。それは、江戸を拠点とする徳川幕府にしてみれば、やはり西の旧豊臣勢力の存在が気になるので、江戸の西を守る西側の要といいますか、どちらかというと軍事的緩衝地帯という地理的役割を持っていたようです。他国では大名が入れ替わるのが一般的なのに、甲府では江戸時代の中ぐらいまではずっと徳川将軍家の子どもが支配するところという位置付けになっています。

唯一、江戸二七〇年の歴史のなかで、たった一家だけ大名が入ってきます。それが冒頭でも申しあげた、山梨県出身の武田家家臣の流れを持つ柳沢吉保とその子吉里です。ただ在城したのは吉里のわずか一五年に過ぎません。一七〇五年に甲斐国を受領し、二〇年後には奈良県の大和郡山へ移封します。その期間だけが唯一大名が支配し在城したお城ということで、ほとんど主というか殿様がいないという歴史をたどってきています。

このように江戸時代前半の甲府城は、豊臣時代に対徳川の目的でつくられたお城でしたが江戸幕府が開かれると逆転現象をおこし、江戸にとって軍事上重要な場所となり、代々将軍家が支配するところというような歴史になっています。

では、これまでにしたお話を踏まえて次のテーマに入ります。

金箔瓦の出土と歴史的意味

甲府城は平成二年から発掘調査と都市公園整備を舞鶴城公園整備事業として実施しています。ですから、かれこれ十数年という非常に長丁場になっています。冒頭でも申しましたが、甲府城は現在舞鶴城公園という都市公園として広く親しまれています。しかし、築城以来四〇〇余年もっている石垣も各所で傷みが激しくて、石垣が崩れてきたらどうしようもないという危険性があって、平成二年から石垣の都市公園・歴史公園として石垣改修を中心に公園全体の整備を始めました。

その公園整備に連動して発掘調査を実施してきており、いまからご覧になっていただくスライドは、その調査の成果をまとめたものです。実際の出土品や事例をもとに、対徳川という目的で造られた織豊系城郭であり、築城者は豊臣氏だという証拠を提示していきたいと思います。

写真2は今回展示していただいている鯱瓦です。出土地点は本丸の北西部に位置する人質曲輪から出土しています。写真を一点だけ見ると非常に大きく見えるのですけれども、高さが七〇セ

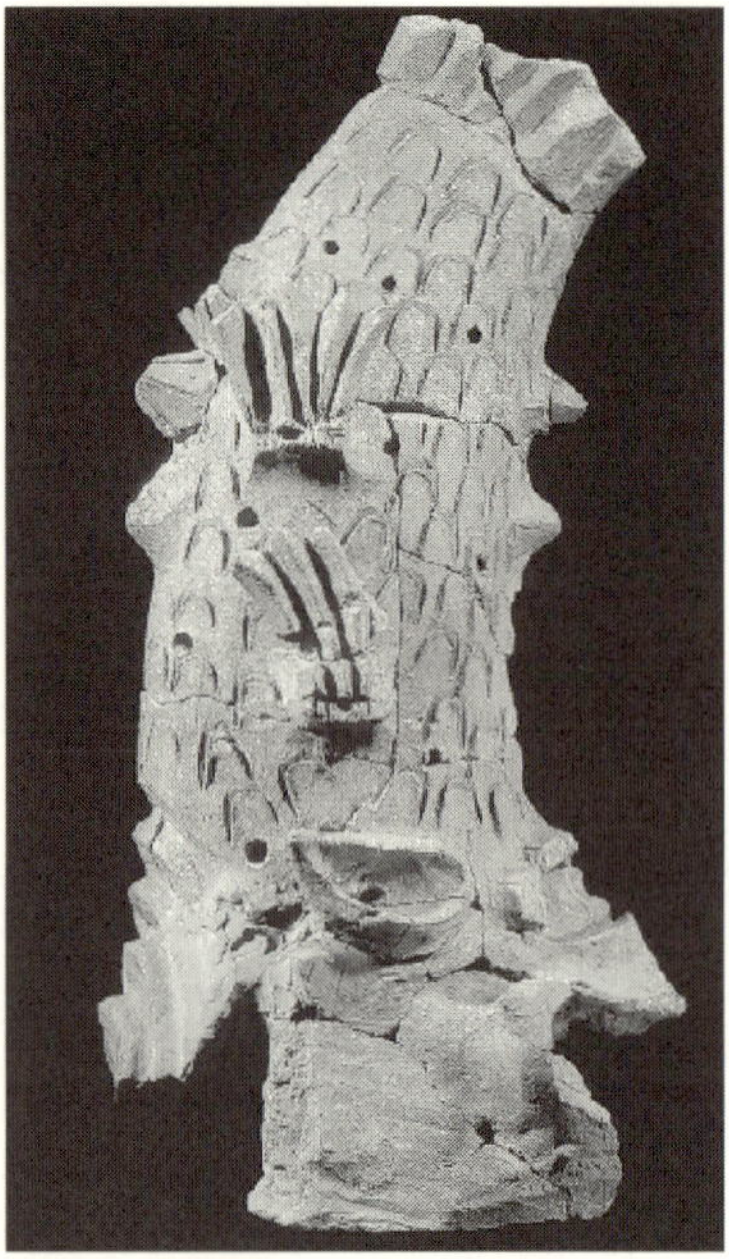

写真２　人質曲輪出土金箔付鯱瓦
（山梨県立考古博物館蔵）

ンチぐらいしかございません。

いろいろなお城の鯱瓦と比べると、ずいぶん小さいほうですが胴体の鱗や鰭部分、顔部周辺には朱と金箔が貼られているのです。ほんの微量しか残存していませんが、おそらく全体に朱や金箔が施されていたと考えられます。現在は、表面コーティングをして金箔や朱がはがれないよう保存処理してあります。このような鯱瓦が本丸を中心に、かなり出土しているということが十数年の成果としてあります。

その他に、今回の特別展でも展示していただいているものですが、鯱瓦の顔部や鼻、脱着式の鰭も出土しています。鰭については、本体と一体化している比較的小さい鯱瓦もあれば、胴部に穴が空いており、そこに差し込むタイプの大きい鯱瓦もあります。

鱗も何種類かが確認されています。つまりそれだけの個体数が当時あったと考えることができますし、多くの破片で金箔あるいは朱が確認されています。先ほど以来、甲府城築城期のお話をするなかで、だいたい一五九〇年の後半ぐらいにお城がつくられてきたと申し上げました。古文書や絵図などで築城年代を示す史料が不十分なので、明確な建築年代はわかっていません。この点は、私たちの研究課題でもあるのですが、鯱瓦ですから屋根に飾るのであれば一五九〇年後半頃には屋根に瓦を飾るぐらいまでお城の主要な建築物はできあがっていたということになります。

さらに金箔や朱が付いていると言うことで、やはり織豊系城郭に属するということが、こういった出土品から理解できます。

稲荷曲輪からは獅子を表現した留蓋瓦（口絵7頁）が出土しています。この瓦は、屋根の降り棟の下側にポコンと付くもので、大きさは約二六センチあります。今日、観音正寺さんとか、あるいは昨日は瓦ミュージアムに行かせていただいて、やはり似たような唐獅子の瓦を見せていただきました。

獅子の留蓋瓦は、お詳しい方のお話を聞くと、やはり獅子は勇猛な動物の象徴として好んで戦国武将に使われたデザインだそうです。このような飾り瓦が屋根にもっと飾られていたという可能性は非常に高い気がしますけれど、甲府城ではこれ一個しか出てきておりません。この獅子の留蓋の瓦も、やはり金箔と朱が付いていますので築城期のもので、このような造形的な瓦が飾れる段階まで甲府城の建物は完成していたのかということが出土品からわかります。

少し横にそれますが、私どもにとっては獅子の瓦は大事な出土事例なのです。京都にある樂美術館では、甲府城がつくられた時期より少し古い段階の獅子像留蓋瓦を所蔵しているとのことです。大きさが約三五から四〇センチぐらいと聞きます。全く同じ瓦というわけではないのですが、時代的に考えると甲府城築城期に大変近く、関西方面の瓦づくり技術が甲府城築城に際して導入あるいは影響を受けているのではないかと考える上で、とても注目している資料です。

山梨には、甲府城築城以前に瓦として奈良・平安時代の古代瓦はあるのですが、鎌倉時代から室町を経て甲府城築城が始まる前までの建物で瓦が使われている事例がないのです。当時は板葺きか茅葺きの屋根だったことが推測されます。

先ほど甲府城の全体図の絵図を見ていただきましたけれども、広いお城でございますので相当建物が建っていたことがわかります。そうすると、いきなりお城が造られて、いきなり瓦が地元の技術力だけで焼かれるということは、たぶん文化的・技術的には考えにくいことです。ですから樂美術館収蔵の資料なども踏まえて考えると、やはり関西の物づくり技術がずいぶん甲府城築城にあたり導入されてつくられたと推測できると思っています。

もう一点ご紹介しますが、これも今回展示していただいているもので、甲府城の稲荷曲輪というところから出てきました鬼瓦（口絵7頁）です。大きさは幅が約四四センチあり、私たちのなかでは「風神さん」と呼ばれ、非常に愛嬌のある顔なので人気のある瓦なのです。こういった鬼瓦も出土しています。表面には、金箔と朱が付いておりますので、甲府城築城期の瓦であるということがわかります。

ある日、事務所に着くと、奈良県宇陀松山城で甲府城と似たような鬼瓦が出土したというお電話をいただきました。

お話を聞くと、どうも風神さまでなくて雷神さまのようでしたので、すぐに山梨を出発し、お昼前頃に宇陀松山城に着き、見せてもらったことがあります。

実際に見て比較すると、非常に胎土（粘土）も緻密ですし、焼き方も上手くできていました。古い南都の寺院が多い地域ですので、昔から瓦製作技術が高いのかなと感じました。でもやはり注目すべきは、甲府城で出ている風神さまと宇陀松山城で出ている雷神さまとの組み合わせです。南都という風土ならば風神雷神さまの瓦も納得できるのですが、甲府城でも出土するということ自体が私たちのなかでは興味深い点です。

瓦がほとんど使われていない山梨県のなかで、いきなり風神さま、雷神さまを作るでしょうか。いくら縁起物であっても、なかなかそういう発想にならないだろうと思います。とすると関西、あるいは奈良付近の瓦作りの技術者とか、あるいはそういうものに触れてきた人物がいたので、甲府城でも風神さまの鬼瓦を焼こうという話になってくるのではないかという気がします。

風神さま雷神さまに関しては、古くは中国の甘粛省敦煌市敦煌莫高窟第二四九窟の窟頂西面壁画にある六世紀前半ぐらいのお墓の壁画や、俵屋宗達が一七世紀前半に描いた京都建仁寺の「風神雷神屏風図」が有名です。おそらく元々は中国大陸から伝わり、日本でもうまく吸収されていって、それをお城づくりに関わる人が屋根に飾ろうとか武将の縁起担ぎやセンスのなかで取り入れられたという発想で考えると、山梨単独の動きではないと考えざるを得ません。瓦をつくる技術やその意匠にしろデザインにしろ、やはり洗練されているし当時の最先端を進んだ関西方面からの技術導入が可能性として高いのではないかなということになります。

家紋瓦の出土と築城者

家紋瓦のほうに話を切り替えたいと思います。発掘調査を始めた平成二年の比較的初期の段階から、先ほど述べた金箔付鯱瓦などのほかに家紋瓦も同時に出土しています。本丸を中心に城内の広い範囲から出土し、やはり金箔が施されていることを考えると、鯱瓦や獅子の留蓋瓦、風神さまを模した鬼瓦と同じように捉えることができます。

しかし、家紋瓦の特徴はなんと言っても築城にもっとも深く関わった人物の家紋が施されていることにあります。ですから、私たちのなかで一番衝撃的だったのは、桐紋の一部を表す家紋瓦が出土したときなのです。

考古学的手法の発掘調査のなかで桐紋の瓦が出土したことは、従来徳川、あるいは徳川系列の人物が築城した城郭という考え方があったなか、ほぼ間違いなく豊臣系のお城である、あるいは豊臣に関係する人物がつくったお城であるということに繋がります。

例えば、甲府城にとっては歴史的に非常に意味のある出土品が二の丸から出土しています。板の飾り瓦で（写真3）五七の桐であることとわかります。また、破片資料なのですが桐紋の家紋瓦の周辺に付くようなパーツの瓦が出土しています。細かな破片も含めるとかなりの点数が出土しています。表面には金箔がしっかり付いていることを考えると、やはり築城期の瓦片であると考えられ、なおかつ桐紋ということでいけば豊臣秀吉の家紋瓦ということがわかります。

それから、いわゆる「違い鷹の羽」という家紋瓦（写真４）が出土しています。この違い鷹の羽という家紋を使われている方は山梨にはけっこういらっしゃるのですけれども、近江にも多分おられると思います。

先ほども忠臣蔵のお話をしましたが年末になると、赤穂藩主の浅野内匠頭が松の廊下で吉良上野介に刃傷を起こし、最後は四十七士が主君の仇を取るため吉良邸に討ち入るという、その浅野家と同じ家紋瓦があるのです。

甲府城にかかわった浅野家というと、羽柴秀勝と加藤光泰に次いで、文禄二年（一五九二）から慶長五年（一六〇〇）まで甲斐国二四万石を支配した浅野長政とその子の幸長と

写真３　二の丸跡出土　豊臣家家紋「桐紋」の飾瓦（山梨県立考古博物館蔵）

写真４　数寄屋曲輪跡出土　浅野家家紋「違い鷹の羽」の飾瓦（山梨県立考古博物館蔵）

いう人物がいます。このことはさまざまな古文書や絵図などの歴史史料から間違いないことがわかっているのです。その浅野家の瓦にも金箔が施されていることがわかりました。ちなみに浅野長政は秀吉の五奉行筆頭と言われていますが、関ヶ原の戦いには徳川方に付き、慶長五年（一六〇〇）以降には紀州和歌山藩主となり、やがて幕末まで続く芸州広島藩主となる大大名さんです。そして、赤穂藩主の浅野内匠頭はその分家にあたります。

さて、その浅野家の家紋瓦が豊臣家の家紋瓦と同じく金箔を施されていた事実から、秀吉の命令によって、甲斐国を支配していた浅野長政と幸長が在任期間中の六、七年ぐらいのなかで甲府城を築城して、自分たちの家紋瓦が葺ける状況まで工事を進めたのかなと考えることができます。つまり、浅野時代には甲府城は石垣を積み、建物の骨組みなどを造るだけではなくて、屋根に瓦を飾るまで進んだといえます。

宝永三年（一七〇六）に柳沢吉保の依頼を受けた荻生徂徠が甲斐国を訪問した際に書いた紀行文『峡中紀行』のなかに、築城から一〇〇年以上たっていた当時でも、浅野家の瓦が甲府城にまだ飾られて使われているという記載がありますので、こういった築城期の瓦は実際に屋根に葺かれていたという証拠になります。焼くだけ焼いて、お城の建物づくりまで間に合わないからというような理由などで捨てたものという可能性は無いといえます。

ところで、浅野氏に先行する第一期の徳川領時代（城代平岩親吉）も約八年ありますが、築城を窺わせる古文書が数点あるのみで、築城着手を確定させるものは発掘調査資料もふくめてありません。特に八年間のうちでその最終時期である天正一七年（一五八九）段階で縄張の着手であるとか家康の仮御殿逗留の記載があることは、まだ甲府城築城に至っていない可能性を表しています。天正一八年（一五九〇）から支配した羽柴秀勝も古文書史料は同じ状況であり、なおかつ在任期間が半年程度と短く、築城への関与は不明な状況です。加藤光泰については、築城の進捗状況を気にかけている史料があることから築城を実施していたことは間違いなさそうですが、古文書や絵図、加藤家家譜などからすると武田氏館跡をリフォームしていた可能性が高いようですし、甲府城からは加藤氏の関わりを示す発掘調査成果は得られていません。

このような状況を踏まえてみますと、群雄割拠の時代に対徳川氏が築城の目的であり、織豊系の城郭の特徴である金箔瓦、朱付瓦の出土を根拠に豊臣氏のお城の可能性が高いということになります。

さらに豊臣家の桐紋瓦や浅野家の家紋瓦の出土事例と、周辺の歴史史料を合わせて考えると、やはり豊臣氏の城郭であり、秀吉から命を受けた浅野長政・幸長が現在の地に甲府城築城を指揮して完成させたということができるのではないかと思います。ただ、まだまだ史料が不十分なこともありますので、十分研究の余地があるともいえます。

さて、対徳川氏の目的で甲府城が築城された話を再三しましたが、今回の展示会の図録にも理解が進む織豊系城郭分布地図が載っております。また、私のほうで関東地方だけの城郭分布図を出させていただきました。そこで甲府城で金箔瓦が出土したことを踏まえ、少し周辺地域のことを話したいと思います。

図3は、時代的に一五九〇年ぐらいを目安に考えて用意したものです。江戸を拠点とした徳川氏の勢力範囲は関東地方になります。▲印は金箔瓦が出土していたり、高石垣が積まれていることを指標にした豊臣系のお城です。今回展示でもあります上田城や小諸城、蒲生氏郷の会津若松城などが該当しています。

▲印を結んでいくと、関東地方をうまく取り囲むように城郭が配置されていることがわかります。そうなると今回の特別展の趣旨といいますか、大きなテーマでもあります金箔瓦が、対徳川のひとつのあらわれであるというお話も充分納得することができます。

甲府城に関して言えば、あまり石高でお話をするのも何か嫌らしいと思われるでしょうが、浅野時代では二四万石あり、国宝の松本城がだいたい十万石内外ということから比べるとかなり石高が高いわけです。それ以外の周辺武将と比較してもかなり大きい規模で、西側包囲網の中核的な存在ともいえるのかもしれません。いずれにせよ徳川氏に対する牽制の目的、あるいは戦争が始まれば拠点になる、あるいは江戸からは甲州街道、東山道、それから東海道という三つのルートが出ていますが、甲州街道に関しては、江戸から甲府までほぼ直線で約一〇〇キロのルートになり、他のルートを通っても、柔軟に対応しやすく動きやすいということで、自然に規模の大きい役割を持たされたのかと考えられますし、豊臣体制のなかにおける浅野氏の位置付けをみると単に論功的なものかもしれません。このあたりはまだまだ研究の余地がありそうです。

その他の出土品

せっかく今回は安土にお邪魔させていただきましたので、発掘調査でそのほかにどのような出品があるのかということを紹介します。

甲府城が築城される以前には一蓮寺というお寺さんがあったのです。一蓮寺というのは、時代が古くなりますけれども、源頼朝が鎌倉幕府を開くときに、同じ源氏として協力した一条忠頼という人物が甲斐にいました。途中で謀殺され、亡くなってしまうのですが、その人が当時住んでいた居館が甲府城築城以前のこの地にあり、死後に建立されたのが一蓮寺の前身です。ですから、甲府城のことを一条氏の名残をもって一条小山城と記す江戸時代の史料もあります。また、武田時代には当然甲府城があるはずもありませんが、一条小山の上に物見の櫓をつくったという記録が残っています。

このような、平安時代末からの歴史風景があり、盆地の中にぽつんと突然飛び出したような小さな小山みたいなものですから、よく目立ち土地利用されたのではないでしょうか。そのためか、発掘調査すると甲府城築城以前の出土品もけっこう出土してきます。特徴的なのは石臼をはじめ石造物が大変多いことです。しかも、石垣の裏栗石のなかに混じっているので、おそらく一蓮寺の石造物が裏栗石の材料として再利用されたのだと思いますし、なかには彫られた梵字にまだ金箔が残っている石造物も出土しました。石造物が石垣の材料として再利用される事例は安土城や大和郡山城にもありますが、お寺は甲府城築城に際して南へ一・五キロ離れたところに移転させられていることからも、如何に甲府城築城が当時の甲斐国にとって重要な事業だったかを知ることができます。

よく発掘調査して見学に来られる方などから「小判がでますか」と聞かれますが、お堀を掘っていたら本当に出てきたのです。二センチ×一・数センチと非常に小さな慶長一分金という金貨です。甲府城を十数年やっていますけれども、初めて念願の金貨を見たということで、当時は新聞社も含めて大騒ぎだったのですが、あまりに小さいのでがっかりされたことがありました。

稲荷櫓台では、櫓建物の親柱の基礎部分からは丸い銅製の輪宝が六つ出土しました。お寺を建立するときに地鎮祭で使う事例が多く報告されています。現代では自宅を建てるときにおこなう地鎮と同じ意味だと思いますが、稲荷櫓建築当時にもしっかり地鎮祭をやっていたことがわかります。

それから屋形曲輪の堀跡からは五枚の板材が出土しました。そのうちの三枚を組み合わせると三角形の狭間の部材であることがわかりました。お城の壁（漆喰塀・土塀）には弓や鉄砲を射る際の狭間という小窓が付いています。甲府城の塀は、絵図に丸、三角、四角の形で描かれていることが多いので、当初からずっとそう思われていたのです。しかし、塀の写った古写真が発見されると、違っていることがわかりました。絵図はイメージで描いてしまうところもあるので難しいのですが、このような出土品は本来あるべき姿を知る貴重な出土品といえます。

ちょっと時代が飛んで、出土品に明治時代初頭のワインのボトルがあります。いくら山梨から来たといってワインボトルまでを出さなくてもいいではないかと言われるかもしれませんけれども、これも歴史的意味があるのです。

私は生まれ育ちが山梨でありませんので、最初のうちよくわからなかったのですけれども、山梨の方はワインのことをよくぶどう酒と言ってよく飲んでいます。

そのぶどう酒を入れるボトルが発掘調査で出てきたのです。いまでこそブドウとワインの山梨ということで、全国的にも有名になってきましたが、明治の一〇年頃に当時の明治政府の推奨する殖産興業の一環でワイン作りが始まりました。そのなかで最先端をいっていたのが北海道と岡山と甲府だったようです。

わずかな量であれば昔から作られていたとも思うのですが、一定量をまとめてつくるための官営工場建設ということでその三ヵ所が競っており、結果甲府が最初にワインづくりに成功したのです。山梨のなかではワインと言うと勝沼が有名で、甲府城とはゆかりがないように思われがちなのですが、初めてワインの大量生産に成功したのが、廃城後の甲府城だったということです。

当時お城の約一九ヘクタール全面にブドウの他にモモやアーモンドやリンゴをいっぱい植えて、果樹試験場みたいになってしまうのですけれども、そのなかでワインづくりが成功したと明治政府の記録にあります。

面白いのは、ワインのボトルというと大抵がガラスだと思うのですが、やはり時代なのでしょうか、陶磁器製の出土品もあり、とても歴史を感じさせます。宮内庁に保管されている史料に明治一〇年に行幸があり、その時に飲んだという記録があります。蒸留方法がほぼ近いブランデーも大量生産が始まったのは山梨県の甲府城が初めてだという記録も出てきました。ちょっとお城の歴史とは違いますけれども、そういう歴史を持ったお城ですということでご紹介させていただきました。

いままで城内の発掘調査で出土した遺物のお話をしました。当初は徳川のお城と言われたのが遺物を通じて豊臣のお城に間違いないということを、みなさまに理解していただければいいなと思っています。

今度は、発掘調査でどのような遺構が検出されたのかということを三〇分ぐらいでお話をしていきたいと思います。

築城技術の痕跡

城内を発掘調査するともっとも多く検出されるのが瓦溜です。城内の至るところで検出されます。明治時代のはじめに城内の建物部材を柱から屋根瓦からまで全部民間に払い下げした時期があり、歴史的な建物というのはほぼ城内から姿を消してしまったのです。

その時に、破損した瓦はお城のどこでも構わず、穴を掘ってどんどん埋めてしまったようです。それを一三〇余年隔てた私たちが一所懸命に掘り返しているということで、もっときれいに保管してくれればいいのになと思ったりもしますけれども、そんな状況で検出されます。稲荷櫓の東側の通路は、江戸時代には無かったのですが、明治から大正時代にかけて石垣を取り崩し、坂道にされてしまったのです。その当時、地面を盛るために土だけでなく瓦も一緒に投げ込み坂道をつけたようで、長さ一〇メートル、幅二メートル、深さ〇・七メートルの巨大な瓦溜が地下に埋まっていました。

とにかく瓦の出土量が多いので、発掘調査で瓦溜にあたるとものすごく大変なのですが、文化財的には貴重な資料がいっぱい眠っているということになります。いわゆる貝塚のようなごみ捨て場みたいなものなのですけれども貴重な遺構と考えています。

明治以降、建物が何も残っていませんでしたし、果樹が城内全域に植えられたことで遺構のダメージはかなり激しいものでしたが、それでも丹念に発掘をするといろいろな遺構が残っています。

数寄屋曲輪で石垣の際を発掘してみると、四〇センチ内外の平らな石がポツンポツンと残っていました。絵図と比較すると、その辺りには塀が建っていたことがわかりますので、それにかかわる礎石ではないかと理解できます。絵図に書かれている情報が発掘調査という手法を使って一致した事例といえます。

本丸や鍛冶曲輪、天守曲輪を歩いてよく観察すると所々に安山岩の岩脈を見つけることができます。鍛冶曲輪がとても良好に残っていますが、要するに露頭と呼ばれる自然の岩盤なのです。

先ほど、甲府城はもともと小高い独立した山（一条小山）でしたとお話をしたのですが、一皮むくと地面の底から、南東方向に大変よく発達した安山岩の脈があり、お城やその周辺でもよく確認されます。

本丸は標高が二九〇メートル程度あり、お城のなかでは天守台に次ぐ二番目に高い標高なのですが、やはり岩脈が出てきます。発掘調査すると、この岩脈からも石垣石材を切り出した矢穴が発見されますし、残置された石材も見つかります。したがって、このような場所は石切場（石切丁場）を評価することができます。全ての石材を供給しているわけではありませんが、甲府城ではお城自身が石切場ということもできます。それにしても築城時には、石材の調達が好条件の城郭であったと思います。そして岩脈の付近からも金箔瓦が出土しますので、一石一石丹念に発掘しないと、貴重な出土品を見逃してしまうという危険性もあります。

本丸の南西側に坂下門というのがあります。この地点での発掘調査では、地山にいくつか柱穴状の穴が掘り込まれていました。最初は何の穴かわからなかったのですけれども、色々考えると石垣を積むときに石を吊り上げる、「一つ又」「二つ又」「三つ又」の柱を埋めた設置痕跡ではないかと考えました。確実ではないのですけれども、石積に関わる遺構として捉えています。

本丸の石切場でも似たような柱穴が、三つばかり穴が掘られていたのです。これは石積ではなく石切場から石材を切り出したり持ち上げる際の痕跡かもしれません。現在のウィンチの役割を果たした「かぐらさん」の固定や運搬に関わる遺構なのでないかとも考えられるのです。

この考えを援護してくれるような古文書や絵図などは見つかっていませんので、まだ何とも言えませんが、類似事例は城内でぽつぽつと見つかってきています。

大正時代頃に本丸北東側に坂道を開通させたので、いまは三つの出入口があるのですけれども、かつては甲府城本丸に入るには西と南の二通りしかルートがありませんでした。南側にあるその一つの門は鉄門《くろがねもん》と呼ばれる門でした。

現地を歩いていただくと一メートル前後の大きく扁平な石が並んでいますが、鉄門の礎石を露出展示してあるものです。さて、鉄門へ登る階段を発掘したときのことです。通常は石段というと、両脇が石垣の場合には階段は全幅といいますか、すべての幅において石段が施されているのかなと思っていたのです。

しかし、鉄門ではわずか二間幅ぐらい石段しか検出されず、両サイドの石垣までの間はノリ面だったということがわかりました。

この調査結果は、どの絵図にも書かれていません。築城期の絵図史料がないので詳細は不明なところもありますが、それでも発見した当初は意外で、石段石材は抜き取ら

写真５　本丸の石切場

れたのではないのかと推測しました。そこで石段の石材を一石二石抜いてみると、もともとは自然の地山なので、段々とした地形が掘られており、そこに石を据えているという構造になっていることがわかったのですが、ノリ面にはその痕跡が見られないのです。

例えば、坂下門の調査事例を見てみると、階段部分の地山は全幅で各段ごとに階段状に掘り込まれたり削り取られています。この階段状の地盤に階段石を乗っけてみるとよく安定した石段が全幅で配置されていたことがわかります。

どうして同じ甲府城なのに石段の幅が違うのか。些細な問題かもしれませんが、明確な答えがなかなか出せないでいます。個人的には防御的性格を考えていますが、石段幅の狭い様子は甲府城の完成当初の姿として捉え、その後階段幅が拡幅されてから絵図に描かれるようになったということではないでしょうか。

井戸も甲府城ではたくさん掘られていたようです。もともとが小高い山で、先ほどもお話ししたように岩盤には安山岩の岩脈が浅い深度でありますから、なかなか水が溜まらなかったのでしょう。伏流水を一所懸命にかき集めるということで、累計で三〇個以上の井戸がお城の中に掘られていました。深いものだと深さが十メートル以上あり、水溜のような遺構も発見されております。また、水脈に沿って点々と掘っていることもわかります。

いかに当時の人たちが水の確保に頑張ったのかということが理解できます。

水の関係でお話しすると、城内の排水対策の重要性がわかる遺構が多く見つかっています。

戦争が始まって外から敵兵が石垣をよじ登ってくると落城間近というイメージがあるのですが、いろいろ調査を進めると、当時の人たちが一番気を遣い怖がったのは敵兵ではなく、城郭の内部（盛土などの地面）に溜まった雨水などの水ではなかったかと思うのです。つまり、お城の排水対策ということです。

写真6　検出された暗渠（本丸北面石垣）

例えば写真6を見ていただきたいのですが、本丸北面石垣を内側から見たものです。

この場所には元々高さ四メートルぐらいの石垣があったのですが、改修工事に伴い石垣を解体すると、地面よりやや下がったところの地中に暗渠が掘られていました。石蓋構造の立派な暗渠で、蓋を抜くと水路になっていました。

設置された位置や構造から考えると、本丸に溜まった水をいかに効果的に排水をしてあげるかということを、当時の人たちは一所懸命に考えたのかということがわかります。つまり石垣の安定化を図ろうとしたとき、石垣内部は盛土であることが多いため、盛土の含水比率をなるべく低くしないとならない。なぜなら土は水分を多く含むと、どうしてもグズグズの柔らかく変形しやすいものになってしまいます。そうすると土木的には円弧滑りといいますが、ズルッと地盤が滑ってしまうことがあるのです。ですから、なるべく水を早く排水させるために暗渠を設置したと考えているのです。甲府城には至るところに暗渠が掘られています。ただ、排水口だけが石垣から見える事例や場合によっては全部土の中に埋まって排水口だけ裏栗石層に設置されている事例もあるようです。

未発見の暗渠というのが、まだ何本も埋まっているかもしれませんが、とにかく排水対策をすることはお城を守ることにも繋がるのです。

また、本丸からは石垣の内側、つまり盛土の内部から小さな石を積み上げた、石垣の縮小版のようなものが発見されました。同様な事例は、天守曲輪でも見つかっていますが、やはり見えないように埋められているのです。この遺構を検討した結果、地盤の弱い盛土を補強する目的で積み上げられたものであると考えています。これまでに検出された場所を考えると、人工的な盛土の地点で、先ほどもお話ししたように水が集まりやすく、石垣もやや不安定な場所に集中して確認されています。現代でもおこなう地盤補強を当時の技術者の人たちはすでに実践していたという事例ではないかと思います。

煙硝蔵といえば大坂城の建物が有名ですが、甲府城からも煙硝蔵が見つかっています。場所は稲荷曲輪の西側で、大きさは四・八メートル×四・二メートル、深さが約二メートル、底部には敷石のある遺構でした。

発見当初はどのような遺構かよくわからなかったのですが、絵図の調査を進めていくと複数枚の絵図に煙硝蔵があったと書かれていることがわかりました。最初は素人考えで、湿気の高い土の中に火薬庫など掘らない、火薬が使えなくなってしまうだろうなと思ったのです。

しかし、土層断面を観察すると、四辺の土壁の内側に平行して約一尺ぐらい覆土とは異なる土が確認されました。この土は川砂と礫で構成されており、文献史料も合わせて調べていきますと、防湿対策で砂を壁四辺に一尺分入れ、これを板で押さえた構造を造り、その中で火薬を保管していたということがわかりました。こういう遺構が見つかるのも全国的に珍しいようです。

数寄屋曲輪の勝手門付近からは、地鎮祭の痕跡が発見されています。その場所は、先ほどお話しした安山岩の露頭が良好に発達し、築城期の石切場でもあります。そのなかでも、安山岩が露頭として大きく鏡石のように立ちはだかり、三方向を壁状に囲む少し違和感のある空間がありました。

調査を進めていくと、この空間の覆土からは多量の焼土が検出されました。徐々に掘り下げるとすり鉢状の土坑が二基検出され、あわせて大量の焼土や炭化材、かわらけ（素焼き土器）が何個体も出土し、獣骨も確認されました。壁状の安山岩には無数の線刻画、そして直径三七センチを図る浅野家家紋「違い鷹の羽」が施された円形の大形飾瓦が最低三個体分出土したのです。

特に注目しているのは、大形飾瓦が中心部への打撃によりバリッと破砕された状況で出土したことです。後ほど詳しくお話ししますが、線刻画といって☆印や魚の絵など陰陽道の呪符のようなものがいっぱい描かれているのです。いろいろ調べてみると、例えば大阪にある池島・福万寺遺跡の事例などが非常に近いことがわかり、土地の開墾時におこなう地鎮の痕跡であると考えることができます。

しかし、浅野家の家紋瓦を割ってお祭りするというのは、豊臣氏から徳川政権交代に伴う、政治的配慮や、城主交代などもっと大きな意図や深い意味がありそうで私も引き続き興味を持っています。

最後ですが、お城のまわりは市街地化が進んでいるという印象があるかもしれません。しかし、地面を二〇センチでも掘ると、ＪＲ甲府駅周辺でもかなり遺構が残っていることもあります。ですから、県指定範囲外で市街地化されていたとしても、きちんと調査することはとても大事なのです。

例えば、柳沢吉里が一五年間だけ住んだことのある屋形曲輪は堀に囲まれています。しかしその南側部分は鉄道の敷設で大きく開発され、堀跡など残っていないと思われたのですが、想像以上に綺麗に堀跡が残っていましたし、その結果軟岩を掘りあげて造った堀の構造も一部ですが解明することができました。このことからも、駅周辺も本来は甲府城なのですから、しっかりと調査をしなければということがいえます。

甲府城の石垣

ここからは甲府城の石垣の話を進めていきます。甲府城跡には築城期の石垣、いわゆる野面積み石垣がとても贅沢に残っています。ここでいう野面積み石垣とは、甲府城の築城期に構築されたと考えられる石垣で、時代観としては一五九〇年代の文禄・慶長年間頃、豊臣政権下で浅野長政・幸長などが支配した時代の構造物と考えています。石垣の特徴としては、ほぼ一〇〇パーセントの石材が安山岩で、野面石（自然石）や規格性のある大きさの矢穴で粗割した程度の石材が石垣に用いられていいます。積み方は必ずしも城内均一ではなく、横方向の目地が断続的に通る石垣もあれば通らない石垣もありますし、勾配なども一様ではないと判断できます。甲府城跡では、このような石垣のことを野面積み石垣と呼称しています。

さて少し具体的に石垣を紹介していきます。まず、天守台石垣はその代表格といえますが、稲荷曲輪東側石垣は高さ約一九メートルもあって、東日本では残存する野面積み石垣として相当高い石垣に属すのではないかと自慢しています。

また、JR中央線・身延線で甲府に来ていただきますと、まず最初に見えるのが稲荷曲輪北側石垣になります。この石垣は、東西方向に総延長約一二〇メートルを測る非常に長いものですが、良好に安定している野面積み石垣として見ることができます。さらに、数寄屋曲輪には城内で現在唯一残っている数寄屋櫓台石垣を見ることができます。

写真7　天守台石垣

例えば、金沢城などでは石垣が傷んだり崩れたりするとすぐに修理をするので、城内にはその時代ごとの石積技術の特徴が反映された石垣が幾種類もあり、古い石垣から新しい石垣まで残っているというお話を聞いたことがあります。これは石垣の変遷を知る貴重なもので一見するべきものです

一方、甲府城の場合は、不幸中の幸いと申しますか、一七〇〇年初頭の柳沢氏を除き江戸時代を通じてほとんど城主が在城しなかったので、最低限の修理しか実施しなかったようです。その結果、築城期の石垣が極めて良好に残っているのです。

写真7で示したのは、天守台石垣の南東側の隅角部（角部）です。まず最初に見ていただきたいのがまさに隅角部の積み方です。ご存じの方もいると思いますが、算木積みという角石（隅石・隅角石）の小面と長面（長手）を交互に井桁状に配石する気配がみられます。ただ、算木積みが一般化される前の段階なのか、当時の石積技術者は算木積みを知ってはいるが実践されない状態なのか判断が難しいところですが、不規則な積み方もみられ、算木積みとしては未熟な気が

する反面、石積技術史のなかでみれば朧気ながら石垣の時代観を知る手掛かりとなります。

石垣の構造を考える

次に、石垣石材（主に築石部）と石材の隙間をご覧ください。石垣を積みますと、どうしても石と石の間に隙間ができます。これを目地と呼んでいますが、特に野面石の場合ですと、石の形も様々ですので、目地もかなり不均一に生じてきます。

この現象に対して、実際に石を積んでいく段階で、小型の石材を上手に配して目地や隙間を埋めたり、石垣を積み上げたあとに一括して石をはめ込んだりする方法が当時は採られたようです。こういった小型の石材で、特に石垣表面に露出しているものを総称して詰石と私たちは呼んでいます。

江戸時代になると野面石から一石一石丹念に加工して、目地の隙間がほとんど無くなるような石積技術が一般化してきますが、そういった石垣には詰石は物理的にも不要なものとなってきます。したがって、野面石と詰石はセット関係にあるといえますし、言い換えれば野面積み石垣の特徴ともいえます。

では、この詰石とは野面積み石垣にとってどんな意味を持つパートナーなのでしょうか。意外と答えは難しいようです。これまでに、石垣を支える構造体の一つである、目地を埋める単なる化粧の石である、敵の兵などが石垣を登る際に足を掛けにくくするためである、石垣石材の裏には拳大から人頭大程度の裏栗石（栗石・裏込石）や盛土がありますので、これらが流出するのを防ぐためであるとか、いろいろな考えがあります。

個人的には、どれもすべて正しいような気がしていますが、残念なことに学術的には詰石の評価は十分にされていない状況にあるといえます。石垣は微振動や土圧、水圧、寒暖の差、石材破損など経年変化のなかでどうしても動くものですから、その都度詰石がいい支え（ある程度の荷重を受ける支点）になったり緩くなったり、石垣の変位変形の動きを抑止する役割をもっているものと現場経験上から考えていますし、現在は浮いている詰石もそこに存在することでやがて良い支えの役割を担うと考えています。

ただ近年、土木工学分野の方々が各方面で詰石と石垣の相関関係を理論的あるいは実験的に研究をされています。今、甲府城跡でもこの詰石に着目した石垣の修繕工事を展開しています。詰石の意味をしっかり評価することは、将来にわたり石垣を修復し保護するために大事な考え方になってくるのかなと思いますので、その研究成果にも期待したいものです。

石垣を特徴づける要素として、勾配というものがあります。ここでいう勾配とは石垣の傾斜角度のことで「矩・法《のり》」とも表現されるものです。「扇の勾配」などといって、石垣の美しい曲線美や造形美を醸し出すものです。

一般的に勾配は、直線の勾配、直線勾配の角度が高さ毎に変化する勾配、そして全体がカーブしている曲線の勾配の三種類があると理解しています。では、甲府城跡や扇の勾配と呼ばれるような石垣は三つ目の曲線勾配となる、と思うでしょうが実はそうではないのです。
甲府城跡の石垣は、よく勾配があまりなく直線勾配だといわれます。確かに、築城以来四一〇余年という経年変化のなかで、現在の石垣がその当時の勾配を確実に保っているということを証明することはできません。

しかし、写真測量や三次元測量といった手法で石垣の勾配を観察すると、明らかに直線勾配ではなく、角度が高さ毎に変化する勾配で、結果的に曲線に見える現象が多くの石垣で確認できるのです。簡単にいえば、地球は円形なのに水平線は直線に見えるのと同じ理屈の現象であると考えています。

築城期の石垣を横方向から見てみると、根石（一番下の石材）付近と笠石（天端石・一番上の石材）の面（石垣の表面）を線で結ぶと、直線の中間地点付近が内側にずいぶんたわんでいる現象を見ることができます。

また、根石付近の勾配をそのまま直線的に笠石の高さまでもっていけば、現状の石垣の笠石より随分と内側に入り込むことがわかります。つまり、内側に入った分だけ石垣には勾配が付いているのがわかるのです。

さらに、石垣の勾配が変化するポイントをマークしていくと、必ず何ヶ所かが変化点として存在します。つまり、根石から笠石にいくにしたがって一度でも一分でも角度を強く付ける（角度をたてる）ことによって、結果的に曲線に見えるような勾配ができていることが甲府城跡稲荷櫓台石垣の調査を通じてわかってきました。このような勾配の取り方をノリ（＝勾配・法・矩）に対して反りを返す「ノリ返し」と呼ぶようです。

そこで、甲府城跡の野面積み石垣の概観を申し上げますと、根石から笠石まで概ね一定間隔で変化する石垣勾配と、根石からおおよそですが三分の二まで直線勾配で進み残った三分の一の笠石まで変化を付ける二タイプが混在してるように思われます。そして、前者を熊本城型、後者を金沢城型と呼ぶことがあるようです。とくに加賀前田藩の石積技術者である後藤家により著された『後藤家文書』は構造的に後者の考えをまとめた当時の標準仕様書あるいは考え方を集約したものと理解することができます。

石垣を積んだ当時に現在でいう丁張りを現地でどのような方法で設定したのかを考えると、『後藤家文書』にも具体方法が記されていますが、一定の高さを積み上げたらその段階までの点検をしつつ次の段階の勾配を確認することの繰り返しと考えられます。ですから、ある間隔で勾配が変化するという手法は現場の丁張り作業とも相性が良かったと推測できます。

ところで、なぜ石垣勾配に反りをつけるのでしょうか。答えを知りたくて、色々と研究者の方に聞き回った経験があります。そのなかで、よく耳にしたのが「勾配が強くなれば（石垣が立てば）そのうえの地盤面積は広くなる」つまり、その石垣によって成立する曲輪の敷地面積が広くなるからという見解だと思います。確かにそうなのかもしれません。

しかし、個人的にはそれだけではなく、いわゆる錦帯橋に代表される眼鏡橋や現代のレインボーブリッジなど橋梁あるいはトンネルがなぜアーチ（曲線）構造になっているのか。それはアーチ構造の特性として荷重分散が効果的で現代の土木工学的にも強いものとして認知されているし、勾配が内湾していることは土圧に対しても強い抵抗力が働くということです。ですから、当時の石積技術者も経験的にアーチ構造が強いことを知っていたのではないかと思っているのです。コンクリートを使わずに四〇〇年以上保ち続ける土木構造物を計算機もない時代に造った方々に、このような構造的知識や発想を期待するのは贅沢なことではないような気がします。

最後にもう一点、石垣の勾配についてお話ししますと、研究者の方が指摘されているとおり、天正期頃の城郭石垣黎明期は直線勾配の傾向があるとか、野面積みは勾配が緩く、石材の加工が進んだ切石積みは勾配がきつくなる傾向を指摘されています。それは、確かに理解できるものですが、甲府城跡だけでみると同じお城でも場所によってちょっと勾配の付け方が違うような気がします。一概に勾配があるとかないとかいう話も、自然地形や石垣の高さ、接続する別石垣との収まり方、盛土条件などの要因に左右されることもあるでしょう。いずれにせよ石垣の外観だけではなく、石垣の内部構造がもつ土木構造物としての技術情報もふまえて個々の石垣をしっかりと調査・研究し評価することをしていかなければならないと考えています。

では次に移ります。どこの城でもよく見られる石垣の積み方ですが、甲府城でもメインの通り（主要な城内通路）の石垣では、五〇〜一〇〇センチ程度の石垣石材のなかに二〇〇センチを越えるような石をドンと配石する特徴があります。有名な例では大坂城桜門の「たこ石」があります。この大型の石材を特徴的に目立つよう配石する方法は、景観的な配慮のほかにその城が持つ石積の技術力や経済力などを誇示する意味があると考えられています。

この大きな石垣石材、実は見た目ほど奥行きがほとんどないのです。ふつうであれば石面の大きさに比例した奥行きを持つと思われがちですが、鏡のように薄いので「鏡石」と呼ばれてもいます。奥行きが無いぶん自重も軽いので石垣に与えるダメージは少ない。しかし、石垣に張り付いて立っているようなものなので構造的には弱いのです。ですから、その代わりに石材の裏側の見えないところで別の石材が支えてあげる。そんな構造になっていることがあります。

次は矢穴のお話です。矢穴とは、石材を割ったり切り出したりする際に、クサビ状の矢を打ち込む穴のことです。甲府城築城期の石垣や石切場の矢穴を観察すると、みんな間口の長さが四寸で一二センチなのです。城内の江戸時代の石垣ではこれが三寸で九センチと小さくなります。甲府城以外の矢穴を私は全部調べたわけではないのでわからないのですが、甲府城に限って言えば矢穴の寸法で石垣や石材が加工された時代がだいたいわかります。

また、城内石垣の見所ですが、二の丸や鍛冶曲輪の石垣には縄張りを変更した痕跡として野面積み石垣が連結している現象が見られますし、本丸や数寄屋曲輪の石切場は埋設されて見ることはできないのですが、鍛冶曲輪の北東側では今でも石切場跡を見ることができます。よく見ると矢穴を開ける途中であったりする痕跡も残っています。

石垣構造に関する調査の成果として胴木の出土があります。お話ししたように安山岩の岩盤が適度に入り込んだ地盤のうえに甲府城は造られたので、基本的には安定しているということになりますが、三六〇度の全周を堀に囲まれますので、堀周辺の石垣地盤にはどうしても弱い所ができます。そのような脆弱地盤のところでは、清須城でもりっぱな出土事例がありますが、胴木というもので地盤補強して、そのうえから根石を据えていくというやり方が確認されています。胴木は、直径が三〇から五〇センチ程度の松の丸太材を石垣の根石ラインと平面的に直交するよう約一・五メートルの等間隔で並べ、さらに梯子状になるよう木材を根石のラインと平行に渡したもので、その上に根石を据え始めています。

つい先日、甲府駅北口の発掘調査でも本当によく残っている石垣が検出されました。現地は水が大量に湧いている状況でしたが、そこでもしっかり胴木は使われていたので、昔の土木技術の一端を見ることができました。

それから平成一六年に稲荷櫓東側石垣で確認された事例なのですが、築城期の野面積み石垣の真ん中辺りがポコッと飛び出し孕んでいたのです。これは危ないということで、改修工事をしました。石垣を解体しながら裏栗石を観察していくと、石垣全体の平均的裏栗石幅は四〇から五〇センチなのですが、その孕みだした背後の裏栗石幅だけ幅広になっていたのです。

数日間観察していると、幅広の裏栗石の部分の盛土から湧水が多量に湧いてくることがわかりました。結局は四〇〇年経つと、湧水地点はどうしても盛土が流出して裏栗石も目詰まりを起こし弱くなってしまいます。でも、当時の石工さんや技術者の人もちゃんと湧水という石垣にとっての弱点を知っていて、裏栗石の幅を厚くすることで、うまく排水処理をして石垣の背面構造を補強してあげようと考えたようです。先ほどお話しした暗渠と同じく石垣と排水は深い関係にあるという証拠ですし、当時の土木技術の発想を知る事例でもあります。

石垣調査に関する最後のお話です。それは、甲府城の石垣石材はどこからきたのかということです。先ほどから本丸や数寄屋曲輪などお城そのものが石切場だというお話をしたのですが、石材の供給源としての主体は城郭を中心にして北東側にある愛宕山という山です。この場所の原風景はやはり安山岩の転石や岩脈がゴロゴロと見ることができたのです。

一般的には石切場と呼ぶ石材供給源ですが、甲府では石切場とはあまり呼ばないようです。いろいろ古文書を調べても、みんな石取場と記されているのです。山の斜面にゴロゴロ転がっている石をまず麓まで落として、そこから城内に運び込んでいく作業を初期段階では主としておこない、石を割るとか切るとかいう作業は転石が無くなってからというような工程が推測できます。ですから、むしろ石を取るというニュアンスに近いので、江戸時代を通じて石取場と呼ばれていたのかもしれません。

謎の線刻画

今度は石垣から発見されたちょっと不思議な痕跡のお話をします。

写真8は、甲府城の稲荷曲輪北東部の石垣表面を接写したものです。非常に見えにくいもので

すが、ここにはある絵が描かれているのです。そして、この一石だけではなく、この石垣全面の石材に多くの絵が描かれているのです。

現地で説明しても、なかなかみなさん信用してくれませんので、今日はうんと頑張ってその絵を写真上になぞってきました。いったい何が描かれているかわかりますか。答えは魚なんです。この石材の周辺には、何匹もの魚や鳥が描かれているのです。初めて発見した時は単なる落書きだと思ったのです。しかし、いろいろ調査していくと単なる落書きではないことがわかってきました。このように石垣石材に描かれた絵などを線刻画と呼んでいます。

写真8　鳥と魚の線刻画（稲荷曲輪）

ご覧になった方もいると思いますが、大阪城に刻印広場というのがあります。豊臣秀吉の居城である大坂城が天下普請でおこなわれたとき、普請に参加した武将の家紋や記号が数多く彫られ、屋外展示されているものです。大坂城の石材供給地である瀬戸内海や六甲山の石切丁場にも同じような刻印が残っているようです。また、江戸城も天下普請でおこなわれましたが、やはり江戸城やその石材供給地である小田原や伊豆半島周辺の石切丁場でも同様に普請助役した大名家を表す記号が多く見つかっています。でも、甲府城跡で見つかった線刻画はこれらとはちょっと意味が違うものなのです。

まず、線刻画の検出状況ですが、本丸や数寄屋曲輪の石切場で廃棄された石材や岩盤自体に描かれていました。また石垣では、石材の面に描かれているものもあれば、石垣の解体調査時に石尻（石材の奥側）や背面、側面に描かれているものもありました。つまり、石垣の内側で、手の届かないところにも多く描かれているのです。

そして、これまで確認された線刻画は、築城期の野面積み石垣からの発見がほとんどです。描写方法は、石材の自然面（外皮）に釘や鏨の先端のような細く尖ったもので、引っ掻くように描いています。自然面は、風化しているため線刻画が残りやすいのですが、割肌では残り難いのか確認されていません。

写真にある石垣は、近年まで前面に石垣が残っていたため、奥の石垣の存在をわれわれは知らなかったのです。発掘調査をして奥にも石垣があるということで調査したら、ほぼ全面に線刻画が描かれていたことが判明したのです。

このような、状況を踏まえて考えると、近年の落書きという可能性は無いということがご理解頂けると思います。

それでは、どのような線刻画があり、意味するところは何であるかを考えてみたいと思います。

先ほども申し上げたとおり、魚や鳥の絵柄も多く発見されているのですが、その他に一筆書きの☆であるとか、♯（井桁）であるとか×印とか、答えを簡単に出すのは難しいのですが、陰陽道の呪符と一致する記号がかなり多く見つかっています。

いまでも石垣改修工事の現場で一、二トンの石垣を動かすのは、クレーン車など運搬重機があるとはいえ、とても危険で緊張します。当時の技術や道具や材料から考えると、やはり現代でいう作業中の労働災害の発生率は高かったのではないでしょうか。誰でも事故に遭うのは嫌なものです。ですから当時の石工さんたちも石を一石一石動かしたりするときに、土地の神さまにお願いしたり、おまじないをしたりして工事の無事を願う、そういった痕跡ではないかなと考えています。また、現在でも地鎮祭ということをおこないますが、それと同じように大地から石を運び出すときに地を鎮める目的も考えられます。このようなことは、豊臣秀吉が九州方面で大きな城郭工事に際して、各地の陰陽師を呼び集めた記録もありますので、今のところ線刻画は甲府城築城時のおまじないと考えています。

ところで、こちらの博物館の常設展には線刻瓦が展示されており、見学に来るたびに観察させていただくのですが、非常に似たような絵柄が描かれています。甲府城の石垣事例からは、石材の切出し、運搬、加工、積み上げ時などの安全祈願説を唱えましたが、こちらの瓦の線刻画を見ると、やはり「安全祈願」という意味では違うのかなとも思えます。いずれにせよ当時瓦製作などに携わっていた人たちも描いていたものなので、単なるいたずら書きではないのかなという気持ちが強いです。もっともっと事例を集めると、意外と各地の城郭で同時期の石垣に描かれているかもしれません。

稲荷櫓台石垣改修工事

平成一三年からは稲荷櫓という二階建ての櫓建物を復元する事業を県土木部と県教育委員会で実施し、平成一六年四月に公開しました。そこで、稲荷櫓の土台となる高さが一四メートルある築城期の野面積み石垣が傷んでいたので石垣改修工事を実施しました。

稲荷櫓台石垣を上から一段ごとに外していくと、石垣の背面には五センチから一五センチぐらいの細かな裏栗石が必ず入っていて、さらにその内側が盛土という構造になっています。盛土というのは、版築と呼ばれる人工的に叩き締めた盛り土のことです。裏栗石と盛土の境界には、両方の縁を切るように人頭大程度の石を並べています。一見すると石垣のように見えますが、これは盛土を版築するさいに裏栗石のなかに盛土材が流入しないようにしたものと考えられます。先ほどもお話ししましたが、裏栗石が目詰まりを起こすような不安な施工を嫌がったのではないでしょうか。こんな些細なことにも当時の技術者たちの工夫を見ることができます。

石垣のなかでもっとも注目すべきは隅角石（角石）なのです。ですから、改修工事のときに隅角石というのは大変に気を遣います。それは、隅角部は石垣の構造上もっとも土圧などの力が集まりやすいため強度が必要ですし、個々の石材には荷重が次々に掛かるので傷みやすいこともあります。また、石垣全体の勾配や景観にも大きな影響を持つことも理由にあげられます。例えば、隅角部の積み方が悪いと、石材が大きく割れてしまいます。その割れ口を観察すると、何トン何十トンという石の荷重が割れた石材の一点だけに集まっていたため重みに耐えきれず割れていた事例がいくつもあります。石垣は思っている以上に柔軟な構造で、石材が割れたからといって簡単に崩れるものではなく、特に野面積み石垣は隙間の遊び（空白）部分が変位変形を上手く吸収してくれますし、飼石と呼ぶ詰石に似た小さな石材を石垣の胴や石尻周辺に配して、一層の安定を図る当時の技術も確認されています。しかし、割れないに越したことはないので、調査では石工さんや石積技術者の方と石材破損の原因調査を丹念におこない、積み直すときにはこのような割れ方が再発しないように調査成果を反映させて、旧状に戻るよう修復しています。

写真９　隅角部の石積作業風景

次に石垣全体を観察していると、ある一石だけがポコッと前へ飛び出しているのです。どうして飛び出しているのかと石垣解体時に原因を調査してみると、飛び出した石材の両側に大きな隙間が発見されました。つまり上下の石材とは噛み合っているけれども左右の石材とはきれいに離れて縁が切れていたのです。その結果、石材背面の土圧や微振動あるいは地震など長い経年変化のなかで左右に揺さぶられ、前方向に動いてしまったのかなということが想定できました。同じような症状の石材を調査すると、やはり石材同士が上手く噛み合っていないことがありました。石材と石材はまず三点支持（三ヵ所）でしっかり据えてから左右の石材と合わせるということが、石工さんの鉄則だとよく聞くのですが調査を通じてその鉄則の正しさを証明することもできました。

そうなりますと、石垣を積むときにやって良いことと悪いことがわかってきます。特に積んではいけないやり方というのが石工さんの世界にはありますが、四〇〇年前の石垣を通じて再度確認してもらうことも大事な経験となります。文化財である石垣は誰でも直せるものではありません。コンクリートなど現代工法に慣れてしまうと石垣を造ってしまうことがありますし、肝心な石垣の特徴を理解しないまま積み上げてしまうこともあります。しかし、あくまでも文化財の修復工事ですから、現代の石工さんでもこのような調査と実地検討を経験として積み重ねることが大切なのです。当時の伝統技術を理解するため日頃から勉強していればこそ、文化財修復という公共工事を前向きに進めていくことができるのです。当然私たち職員も一緒に勉強させてもらわなければ、文化財修復工事は成立しないのです。

石垣改修工事では、そういう現場体制や環境も重要な要素ですが、施工者さんや石工さんと私たちだけで勝手に直してしまうと文化財として細かな見落としが発生しやすくなりますので、いろいろな場面で学識経験者の方などから情報や指導をもらい、多くの人の意見を幅広く聞きます。

それでもなかなか答えが出ないこともありますが、最終的には経験豊かで熟練したプロの石工さんたちの考えというのを、私たちは現場で大切にしたいと思っています。

さて、だんだん改修工事も佳境になってくると、石垣に対して工事に関わるみんなの関心がさらに高まり、昔の石工さんや土木技術者は何を考えて石を積んだのか、何となく気持ちが当時の石工さんに近付いていくようです。現場管理の人たちも口を開けば石垣の話ばかりで、良いのか悪いのかよくわからなくなりますが、現場担当者としては非常に有り難く、頼もしい限りです。割れて再利用できない石材も一石一石型取りして、新しい交換用石材として形が近い石材を選びだし、元どおり復元するというやり方も四苦八苦しながらそれなりのペースでできるようになっていきます。

しかし、今後将来をみても石積技術者や石工さん不足の問題はかなり深刻なものでした。なぜなら、先ほども申し上げましたが空積みというか、コンクリートを使わないで一〇メートルを超える野面積み石垣を積める方が少なくなってきているのです。甲府城の石垣を保護し修復していく上ではとても重要な課題です。稲荷櫓台石垣改修工事の時は、石工さんのなかでも伝統的な工法で積むことができる石工さんを山梨のほかに東京、神奈川、長野からも来てもらいました。

そのなかでも、山梨の石工さんのなかにお一人、若いときから野面積みを空積みで積んでいる熟練の石工さんがまだいらして、工事に参加してくれたのです。しかも、ほとんど現役を引退されていたのに、おそらく事情を聞いて現役復帰してくれたのでしょう。ものすごく一所懸命に仕

写真10　休み時間に熟練石工さんより道具の手入れを学ぶ姿

事をしてくださいました。

休憩や昼休みの時間には若い修業時代の話や石積の要領を聞き、石工の道具についてもフイゴで火をおこし鉄を焼き、玄翁や鑿の焼き方や手入れなどを教え、最後には若い石工さんに昔の道具で石を割るという技術をちゃんと教えてくださいました。効果的に機械を使うこともあるが、その原点を教えたかったのではないでしょうか。そういった意味では現場に大変良い影響のあった年配の石工さんです。

実際に積む現場でも、特に角石は緊張しますので、若い職人さんが積んでも、必ず熟練した石工さんに見てもらい、所見をもらって納得できるまで直しているのを現場でよく見かけました。稲荷櫓台は、六割近い石を交換せざるをえなかったのですけれども、このような熟練した石工さんたちの存在も大変大きいものと思っています。休み時間や実際の石積作業を通じて、熟練者が伝統的な技術を若い職人さんに伝える。そういった技術伝承の場面があったことは公共事業ではありますが、とても有り難い副産物となったと思っています。

ある日のことですが、伝統的な石の吊り上げ方を石工さんたちが学びたいということになり、石垣整備を指導くださっていた先生が来られるごとに夜遅くまで勉強することが続きました。先生も熱心に指導くださったある日、どこからともなく「かぐらさん」と「二つ又」という石を吊り上げる道具や「ソリ」といった運搬具を石工さんたちが用意してきました。そして、伝統的石積技術を勉強させてもらったお返しに、県民の方々やお子さんたちにその技術を披露し、また体験してもらうことで、昔の技術者の人たちの道具や考え方、石積技術を学んでもらう機会を作ってくれました。サクラが満開の季節に、おそろいの法被を着て江戸時代の石垣普請の場面が現代の石工さんたちの手により再現されたのです。

稲荷櫓は、その石垣の上に復元されました。建物復元も基本的には同じです。やはり昔の技術者の人たちが何をどう考えて造ったのか。そこを踏まえて我々はどういう復元をするのが一番良いのかということが常に課題でした。ですから、稲荷櫓建物も古写真、絵図、古文書、発掘調査などの成果を元に昔ながらの伝統工法で復元しております。鯱瓦も、屋根も、左官工事もみんなそうです。そして、やはりなるべくお子さんに昔から日本に伝わる建築技術を体験していただきたいということで何度も体験事業を開催し、平成一六年四月に完成し公開することができました。ただ、石垣や建物の復元には地震や建築基準法の課題もあり、伝統工法と言いながら様々な基準は満たさなければならないという問題もあります。復元したり修復したりするということは、古い大事な何かを手にかけると言うことでもあります。やはり文化財の復元とは大変難しい仕事なのかなと思います。

甲府城の活用と保存

そのほかの歴史的建造物復元として、甲府城は歴史的建造物が明治時代初年頃にほぼ全て取り壊され売却されてしまい何もなくなってしまったのですが鍛冶曲門、内松陰門、稲荷曲輪門という三つの門をそれぞれ復元しております。長い整備事業の最後に稲荷櫓を復元して、ひととおりの整備事業はおおよそ終了となりました。

稲荷櫓は、月曜日は休館日になるのですけれども、来ていただくと常設展示室になっておりますので、もし今日の話でご興味を持ってくだされば、お出掛けいただきたいなと思います。

城内の案内としては、暗渠などには解説板を付けたり、入り口には大きな案内板を付けたりと甲府城を理解していただくための案内や解説版も設置しています。昔は雑然とした園路もきれいな公園風になりすぎてよくないという声もあるのですが、広場を整え、本丸鉄門の礎石もきれいにして櫓門の構造がわかるように展示しており、お城に来ていただくと昔の景観がわかるように努めております。

これで本日最後のお話になります。本日は祝日ですが、現場では別の職員が石垣の修繕工事を石工さんたちと一緒に進めています。

江戸時代には石工さんによりメンテナンスされていた石垣も、明治時代から昭和にかけては放置され、傷めばコンクリートで直されてしまう時代が約一三〇年続きました。その結果として、平成二年より危険な石垣やコンクリート積みの石垣を中心に改修工事してきました。

しかし甲府城には、まだまだ築城期の野面積み石垣が四〇〇年前の姿でよく残っています。今ある石垣をさらに四〇〇年持たせることをしないで、いまのままで崩れたり崩れそうになったら改修工事をするという方法だけで進んでしまうと、四〇〇年後には八〇〇年前の石垣がなくなってしまうという計算になるかもしれません。

ですからこれらの石垣を対象に、石垣が崩れたり大きく傷む前に石材が抜け落ちて目地が空いてしまったところには詰石や裏栗石を補充し、割れた石材を補修するという石垣メンテナンスを昨年から始めました。人間と同じで石垣もしっかりと維持管理しなければどんどん具合が悪くなってしまいます。石垣をがんじがらめに固めるのではなく、堅い剛構造だけどちゃんと柔の部分で変位変形を抑止あるいは吸収させながら石垣を維持させる目的で進めています。

詰石の土木構造体あるいは歴史的な評価はまだ十分に研究されておらず、これからの研究領域です。また後付の詰石にどこまで構造的な期待をしてよいかは未知数ですぐに答えがでるものでもありませんが、崩れる前に定期的なメンテナンスを地方自治体としてしっかりおこない、文化財の保存活用と公園の安全性を維持していきたいというのが現在の山梨県の取り組みです。

本日は、甲府城が織豊系城郭であることを発掘調査成果をもとに歴史的、文化財的根拠をもとにお話し、甲府城の特徴でもある石垣の紹介をさせていただきました。これは営業ですが、今日お話したことについては報告書も刊行し、山梨県立考古博物館で購入できます。もしご興味があれば買っていただきますと、職場としてもうれしく思います。

最後にちょっと駆け足になってしまい、五分ばかり過ぎてしまいましたけれども、以上で終わりにしたいと思います。

二　八代市麦島城跡の調査

山内淳司

初めまして、こんにちは。熊本県八代市教育委員会からまいりました山内と申します。今日はこのような場を設けさせていただき、たいへん光栄に思っています。ぜひ、私どもの八代市にあります麦島城跡につきまして、少しでもみなさま方に関心を持っていただき、アピールできればと考えております。

そこで、まずは皆さんが熊本県に対してどういうイメージをお持ちなのか、少し教えていただければと思います。熊本と言いますと、何を思い出されますか。「球磨焼酎」ですね。ほかに何かありませんか。「熊本城跡」ですね。熊本城跡は西南の役の激戦地でもあります。阿蘇山、天草もありますね。

今、会場の皆さんからお話し頂いたように、『るるぶ』や『じゃらん』、リクルートなどの情報誌で熊本県の頁を拝見すると、熊本城や球磨焼酎、阿蘇、天草、西南戦争の役などが掲載されています。あるいは、皆さんの中には修学旅行で水前寺公園等を訪れた方もいらっしゃるのではないでしょうか。また、今話題になっている黒川温泉も熊本県にありますので、温泉好きの方はすでに入湯された方もいらっしゃるのでしょうか。情報誌をめくると熊本県に関する情報として、そのような場所などが掲載されています。

しかし、最新の情報誌にも掲載されていませんが、これから全国津々浦々に名を馳せていくことになる城郭、それが今回私が報告する麦島城跡です。

ところで、先ほど話題に上った熊本城跡ですが、二〇〇七年に築城四〇〇年を迎えるそうで、本丸御殿の復元工事が行われています。今回の報告とも少し関連するのですが、熊本城を見て皆さんは誰を思い浮かべますか。「加藤清正」ですね。では、現在の私達が目にする熊本城をつくったのは、整えたのは誰だと思いますか。「細川氏」ですね。

私たちの一般的なイメージでは、熊本城は加藤清正がつくり、その石垣は全て加藤清正が積んだものだと思われている方もいます。

ところが、私たちがいま目にしている熊本城には細川氏が修復をした箇所、あるいは改築をした箇所、手を入れた箇所が含まれています。したがって、熊本城跡の築城時の姿、あるいは加藤清正時代の城郭の全容を見ることは困難な点があります。他方、今回私が報告する麦島城跡は九州における織豊系城郭の築城時の姿を垣間見ることができる城跡です。

ちなみに、熊本城で行われている本丸御殿の復元ですが、御殿に葺かれている軒丸瓦には、細川氏の家紋である九曜紋があしらわれています。加藤氏が築城し、細川氏が育てた熊本城跡であることの一端を物語っているようであります。

写真1　麦島城本丸東側の小西時代の石垣

石垣の城、麦島城

少し、余談が長くなりましたが、さっそく麦島城跡につきまして報告をします。

写真1は、麦島城本丸跡の東側にある小西行長時代の石垣です。なぜ、この石垣が小西行長時代に築かれたものであると分かるかというと、石垣の積み方、石垣の改修状況、共伴遺物、特に瓦にあしらわれた文様から石垣の築かれた年代を推定することが可能なのです。

さて、まずは八代市と麦島城跡の位置について少し説明をします。

熊本県は九州のほぼ中央に位置しており、西側は有明海と八代海に面し、隣は宮崎県に接しています。八代市はその熊本県の中心部分にあります。熊本市は宇土半島の上側にあり、その中心部に熊本城があります。

近年の市町村合併によって、八代市も二〇〇六年の夏に五市町村が合併、面積が五倍となりました。西は八代海側から、東は宮崎県境までとなり、熊本県で二番目に広い市になりました。人口は約十五万人程度で、熊本県内では第二の人口規模を持つ都市です。麦島城跡は八代市の西端、前川と球磨川に挟まれた現在中洲となっている箇所に位置しています。

ここで、麦島城跡自体の報告をする前に、織田信長と安土城について少しだけ説明をします。

先々週のシンポジウムでも報告があったかと思いますが、いわゆる石垣のお城、天守と本丸御殿を持つ城、金箔瓦といった織豊系城郭の要素を構成するものは、織田信長の安土城から始まったと言っても過言ではないと思います。

写真２　安土城天主礎石

具体的にはどういうものかと言いますと、安土城跡の天守台の石垣に代表されるのが織豊系城郭の一要素であると考えられます。まさに、織豊系城郭は安土城跡から始まったのです。その織豊系城郭の技術が九州に伝わり、そして麦島城の築城に至ったのです。

さて、写真２は安土城の天守台跡に保存されている礎石ですが、発掘調査で天守や本丸御殿等の建物の礎石を面的に検出するというのは、実際には困難なことです。

築城時の建造物の礎石の大半は、熊本城や姫路城のように、現存する建物の下に埋まっていることが多々あります。復元が進められている熊本城跡本丸御殿の礎石は、御殿の復元に先立つ発掘調査で検出されました。

したがって、築城時の遺構を検出しようとすると、現存する建造物をいったん撤去して調査することになりますが、実際にそのような調査を実施することは困難です。そういう意味からも、安土城跡、あるいは麦島城跡の発掘調査というのは、織豊系城郭の解明、あるいは近世城郭の発展の解明に大きく寄与するところがあると考えております。

豊臣秀吉によって九州に伝えられた織豊系城郭

織田信長の安土城から始まった織豊系城郭は、信長の跡を継いだ豊臣秀吉によって西日本を中心に広がっていき、九州にも波及していきました。九州に石垣づくりの城、織豊系城郭の波が押し寄せる契機となったのは、一五八七年に行われた豊臣秀吉による九州攻めです。

もちろん、これ以前にも九州においても石積を持つ城郭、あるいは一部瓦づくりの城郭というのはあったようですが、一五八七年以前に築城された城跡のうち、発掘調査や文献調査等で織豊系城郭を構成する要素がすべて見いだされた城郭は、現在のところ確認されていないようです。

したがって、現状では九州における織豊系城郭の上限というのは、この一五八七年、あるいは一五八八年に設定することが可能です。

その九州攻めの際に、豊臣秀吉は八代に四日間滞在しております。八代には後述するように、中世の山城である八代城、現在の遺跡名では古麓城跡（以下、古麓城跡と呼ぶ）がありました。当時、古麓城跡は島津氏の支城となっておりましたが、九州攻めの際に落城して豊臣方の城となり、秀吉も古麓城跡に四日間滞在しております。その際に宣教師、ルイス・フロイスが秀吉への謁見のために城を訪れ、当時の八代の光景を『日本史』に記しています。

九州攻めの後、豊臣秀吉は九州の国割をおこない、筑前は小早川氏、そして豊後は黒田氏に宛がわれました。肥後は、相良氏に安堵された球磨地方を除いて当初佐々成政に宛がわれました。（球磨地方では、中世以来、相良氏が戦国大名として統治し、近世をとおして明治維新まで治めていました。私が肥後という言葉を使う場合は、相良氏に安堵された球磨地方を除いた肥後国と理解してください。）

しかしながら、佐々領において一五八七年に天草の肥後国衆一揆がおこり、佐々成政はその責任を取らされて、尼崎で切腹となりました。その後、旧佐々領の北半分は加藤清正に、宇土・八代・天草を中心とする地域は小西行長に宛がわれました。

さて、九州攻め当時、八代には名和氏が築いた山城がありました。写真3は八代城、現在で言いますと古麓城を、画面下のほうが北側ですが、北から南に向けて撮った航空写真です。

写真の下に走っているのが九州新幹線で、その上にある山全体が古麓城跡です。当時の資料としては八代城というふうに記させています。相良氏の『八代日記』に登場する八代城というのは、古麓城跡のことです。

名和氏が築いた古麓城跡ですが、相良氏が球磨から八代に進出する際に相良氏の城となりました。その後、島津氏が薩摩から進出してきた際に、古麓城は相良氏から島津氏の支城へとなりました。

写真3　古麓城跡航空写真（北側から）

右上に流れているのが、三大急流で有名な球磨川です。当時の八代城というのは、秀吉に攻められ、落城したのち、四日間秀吉が滞在したのですが、この際にイエズス会のルイス・フロイスが秀吉に面会するため、古麓城跡を訪れております。

そのときの記録は彼が記した『日本史』の中に残されており、「八代はなんて美しいところだ。こんなに穀物にあふれて美しい川が流れていて、美しい景色があるところはほかにはない」という主旨のことが記されています。

八代では、八代地域の最初の八代城である古麓城跡から、麦島城跡に城郭と城下町が移りました。その契機となったのが一五八七年の九州攻めであり、佐々成政の後を継いで八代を宛がわれた小西行長です。行長は小西末郷（小西行重）に命じて古麓城跡を廃し、城郭を麦島の地に移しました。これが現在の麦島城跡です。

なお、八代城と呼ばれていた城郭は、歴史上、三つの城郭で構成されています。最初の八代城が古麓城跡で、二番目が麦島城跡、そして現在の八代城跡であり、三回移転しています。したがってそれぞれの時代において、それぞれの城郭の正式名称は全て八代城です。現在では遺跡名として、一番目の八代城を古麓城跡、二番目の八代城を麦島城跡、三番目の八代城を八代城跡という遺跡名を用いて区別をしています。

図1が九州の北半分の地図です。熊本県はだいたい九州の中央部分にあります。海を隔てて対馬があります。

福岡県には黒田官兵衛がつくった名島城跡があります。現状では、表面観察では遺構を目にすることはできません。また、大分県の中津には小早川隆景が築城した中津城跡があり、現在整備が進められています。そして肥後の八代には小西行長が築城させた麦島城跡があります。

この三つの城跡は、豊臣秀吉の九州攻めの翌年、一五八八年に築城された城郭であり、まさに九州における織豊系城郭、あるいは近世城郭のスタートとなった城郭です。この三城跡のうち、築城当時の全容を見ることができるのが麦島城跡です。

さて、財団法人永青文庫が所蔵し、熊本大学附属図書館に寄託されている『肥後国慶長国絵図

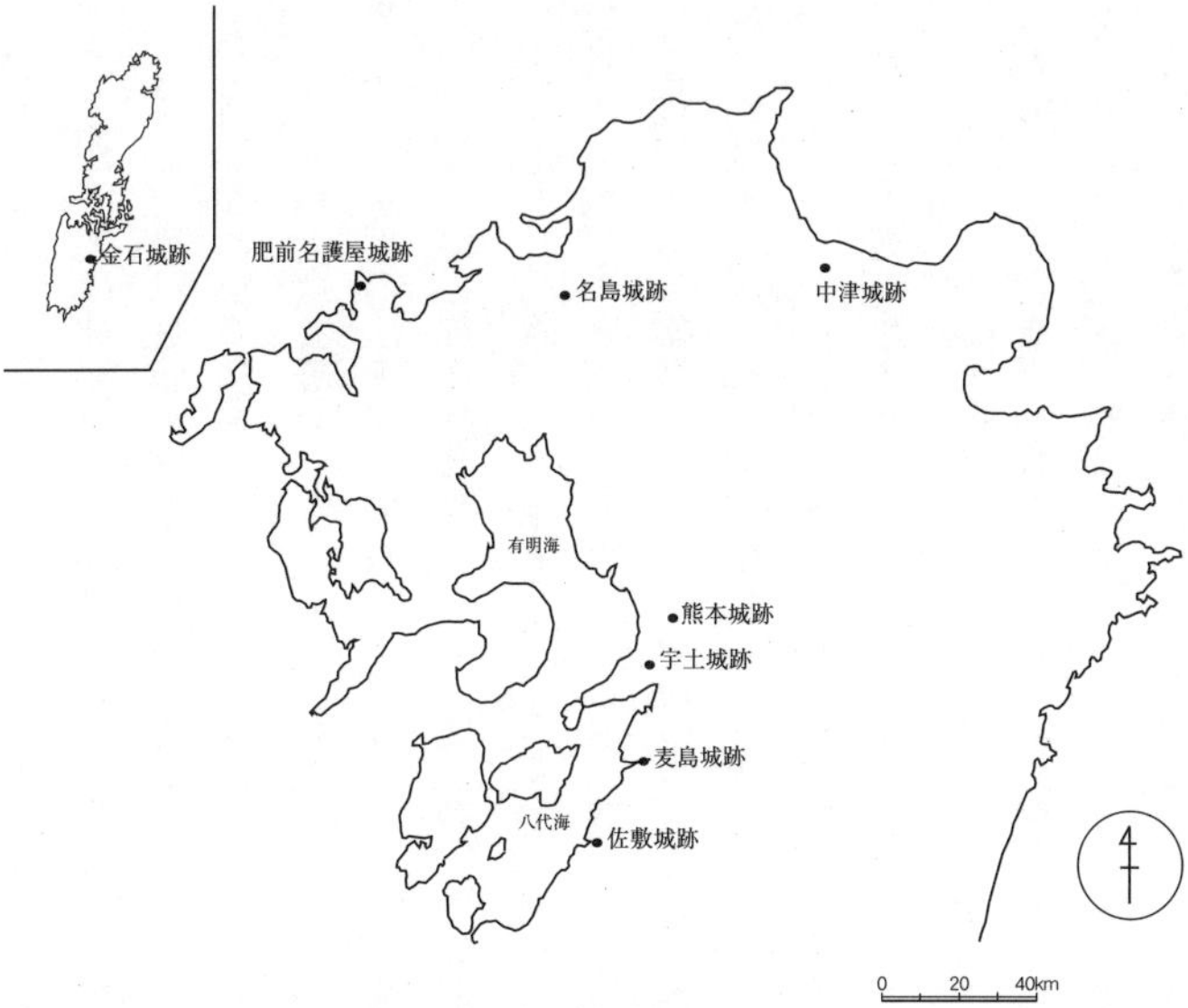

図１　九州における主な織豊系城郭（本稿関係）

(写)』には、熊本城跡と麦島城跡を含めて一四の城郭が描かれています。絵図中では、麦島城跡、当時の八代城は石垣の上に三層の天守と二つの付櫓という表現がなされています。

熊本城跡も麦島城跡同様に、石垣と三層の天守、二つの付櫓が描かれております。小西行長の本城であった宇土城跡は三層の天守は描かれていますが、石垣の表現はありません。佐敷城跡や水俣城跡では三層の櫓が描かれていますが、宇土城同様、熊本城や麦島城の表現とはやや異なっております。

絵図に描かれた城郭の表現が、どの程度実体を反映したものか検証する余地がありますが、一四の城郭のうち、麦島城跡と熊本城跡の二つの城郭だけが、他の城郭とは際立って異なる表現がされています。二城郭のみ他の城郭と表現方法が異なる点こそが、実は球磨を除いた肥後国の一国二城体制につながっていくのでしょうか。

ここで、麦島城跡の歴史の概要を説明します。麦島城跡の築城年は、天正十六年（一五八八）まで遡ることができます。この年に行長が小西末郷に命じて築城させたと考えられています。

ところが、慶長五年（一六〇〇）の関ヶ原の戦いの際に、行長は西軍の石田三成方についた結果敗れ、京都の三条河原で斬首となりました。その後、球磨地方を除く肥後は加藤清正に宛がわれ、麦島城跡も加藤氏の支城となりました、その際に麦島城の一部が改修されました。

その後、大坂夏の陣が終わり元和偃武を迎えるといわゆる一国一城令が発布され、大名の本城以外の支城はことごとく廃城の憂き目に遭っております。それは九州でも同じですが、球磨を除く肥後は大名の本城である熊本城跡以外に麦島城跡の存続が許されることとなりました。この結果、肥後の一国二城体制が確立して、明治維新まで引き継がれていくこととなります。

しかし、一国一城令を乗り越えることができた麦島城跡ですが、二年後の元和五年（一六一九）三月に大地震が起き倒壊してしまいます。その後、城郭は三番目の八代城跡に移転されました。

ところで、地震の記録が残っているのは八代地域だけで、麦島城跡が壊滅するような地震があったのか、まだまだ今後の検証が必要です。そういった意味で、発掘調査の終盤で出土した建築部材は、麦島城跡の廃城の解明につながる重要な資料であると考えております。

八代では、まず一番最初の中世の山城であった八代城、現在の古麓城から二番目の八代城である麦島城跡に一五八八年頃に移転いたしました。ところが、一六一九年三月の地震で麦島城跡は倒壊し、現在の八代城跡のほうに移転しました。これが中世から江戸末期にかけての八代城の簡単な歴史の概要です。

発掘調査で明らかになった麦島城跡

発掘調査で明らかとなってきた麦島城跡の姿を、石垣、本丸御殿、瓦から見た朝鮮半島との国際関係、建築部材の順に報告して、最後に麦島城跡が織豊系城郭の研究にどういった意義をもつかというのを説明します。

まず、麦島城跡はどういった城郭だったかというのを発掘調査の成果や古絵図、測量図等を基に復元してみました。

図2は航空写真にCGを張り付けたものです。赤色部分が都市計画道路建設に伴い発掘調査をおこなってきた部分等です。実は麦島城跡の縄張の微妙な形状は解明されていない部分もあります。現状では城跡全体が市街地化しており、住宅の下、あるいは道路の下に麦島城跡が埋まって保存されています。

このCGは江戸時代の古絵図、発掘調査の成果等を基に製作しました。その一つが文化文政年間頃の古絵図(写真4)です。麦島城跡が地震で倒壊して約一〇〇年ぐらいたった時期に描かれたと考えられる絵図で、堤防をつくるために当時の肥後藩に麦島村の住民が提出したものです。

絵図中に天守と小天守という文字が書かれています。

　図3は麦島城の縄張図で、昭和十八年に東京芸術大学の方が現地で実際に測量をして描いた図面です。つまり、昭和十八年頃の麦島城跡は縄張図が描けるほど城跡の状況を反映した地形がまだ残っていたということになります。

　上記のような資料を基に復元した麦島城の第二期、つまり加藤時代の改修後の麦島城跡の想定範囲図が図4です。

図2　麦島城跡ＣＧ

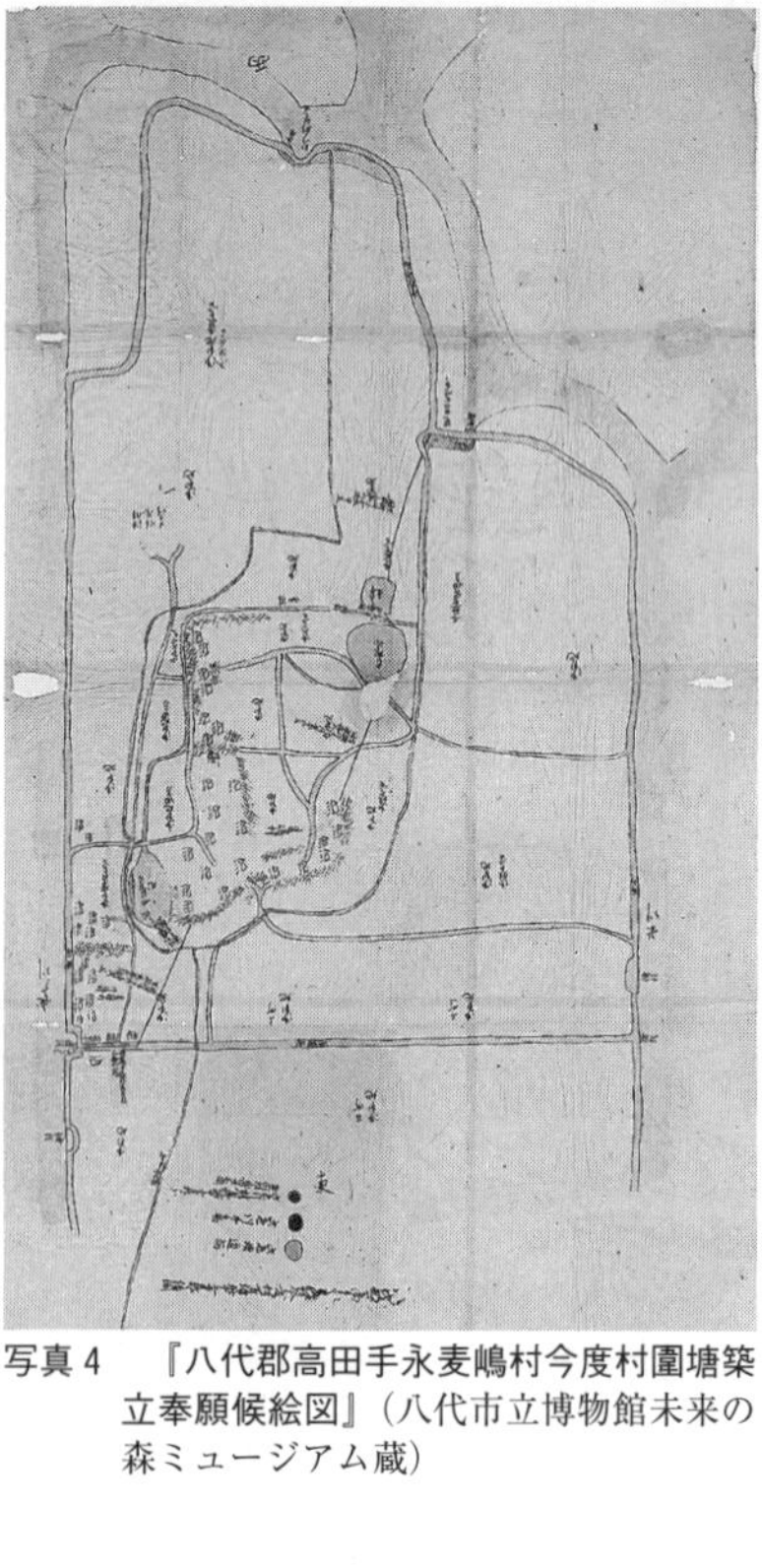
写真4　『八代郡高田手永麦嶋村今度村圍塘築立奉願候絵図』（八代市立博物館未来の森ミュージアム蔵）

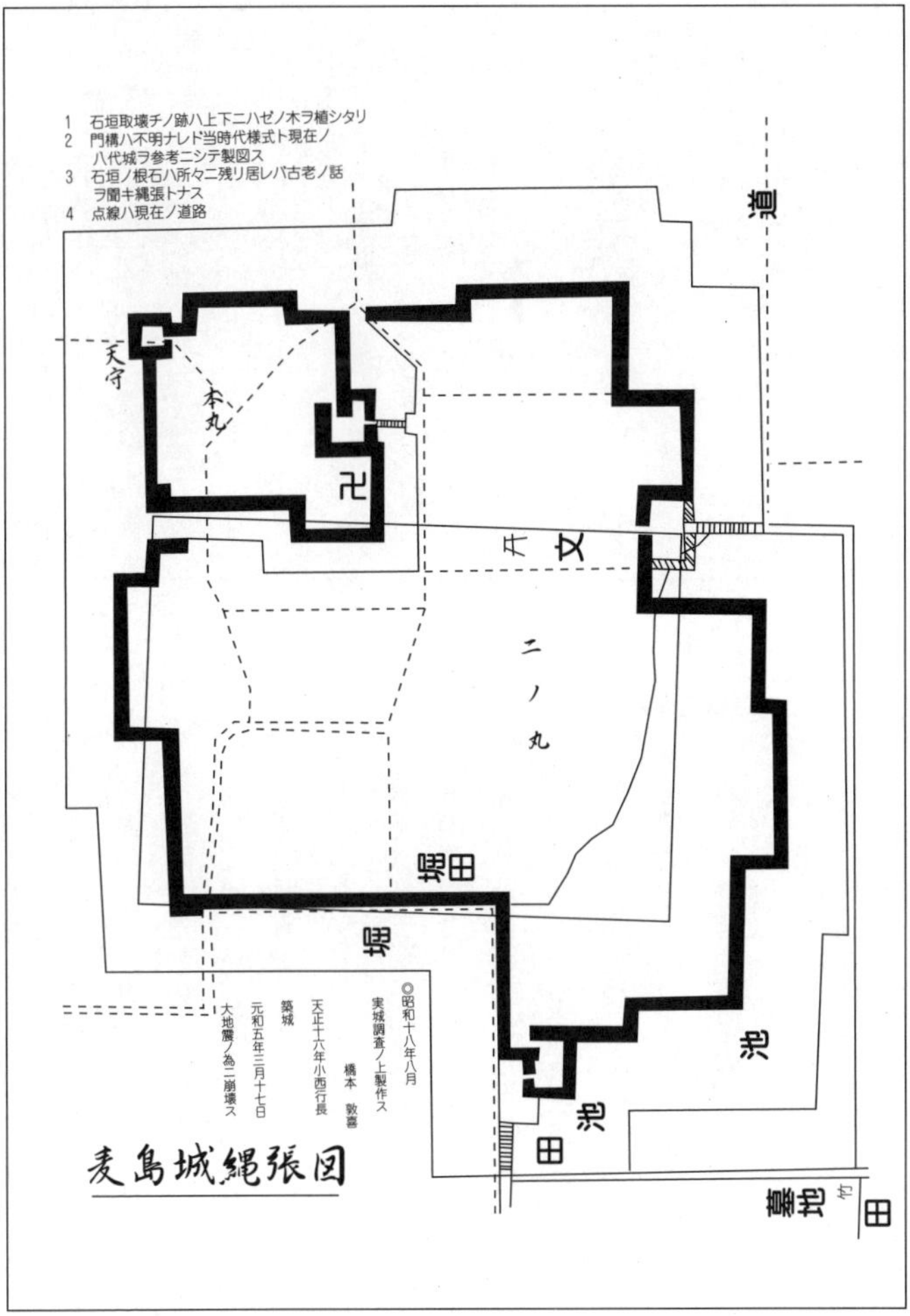

図3　麦島城縄張図（デジタルトレース済）

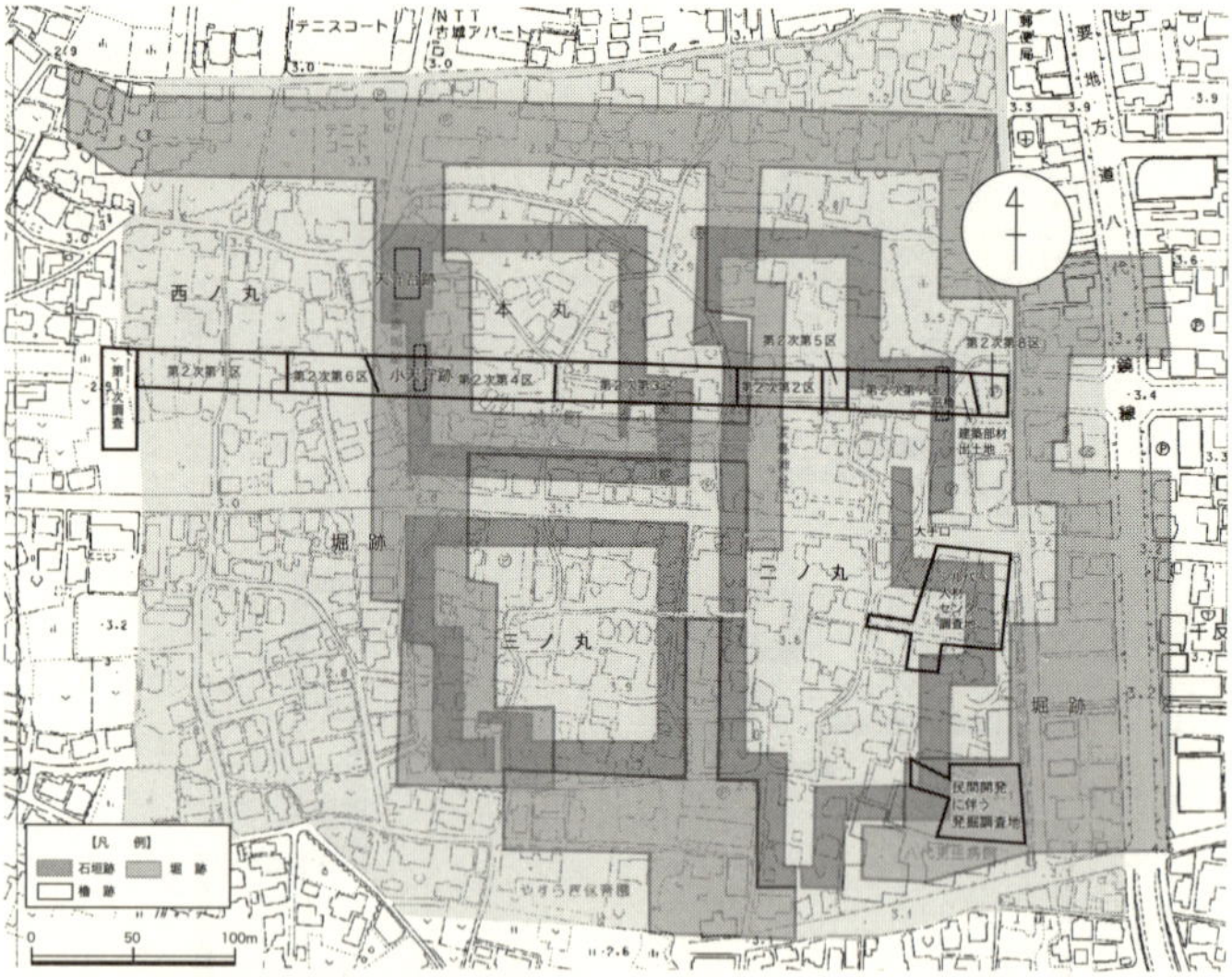

図4　麦島城跡範囲想定図（第2期）

図4のうち、八代市教育委員会が発掘調査を実施したのは、都市計画道路建設に伴う部分と、八代市のシルバー人材センターを建設するための発掘調査、そして民間の開発に伴う発掘調査、主にこの三カ所を中心に発掘調査を行ってきました。

そのなかでも麦島城跡の全容解明に至る調査成果が得られたのが、都市計画道路部分の調査です。この調査は平成八年度、平成十年から平成十五年の九月まで足かけ七年にわたって現地で発掘調査を行いました。現地調査後、平成十五年から遺物整理を始め、平成十八年一月に発掘報告書を刊行し、各都道府県の図書館等に配布しました。

さて、都市計画部分の発掘調査の航空写真が写真5です。この航空写真は平成十二年から十五年にかけて撮影した複数の航空写真を接合したものです。航空写真のうち、中央から左側が本丸部分、右側が二ノ丸部分です。その中央部分に本丸御殿があります。天守台が北西隅にあり、その南の方に小天守、その中央部分に本丸御殿があります。また、小天守の西側には幅約五〇メートルの堀が広がっていました。二ノ丸と本丸の間には、二〇メートルの内堀がありました。二ノ丸東側の外堀から建築部材が出土しました。

麦島城跡の石垣の特徴

麦島城跡の特徴のうち、石垣について説明します。麦島城跡の石垣には二種類あります。一つは、天正期の石垣と推定される小西時代に築かれた石垣と、関ヶ原の戦い後に加藤氏によって改修されたと思われる慶長期の石垣の二種類があります。石垣に伴って出土した遺物から、奥のほうが小西時代の石垣、手前のほうが加藤時代の石垣と判断しています。

写真５　麦島城跡発掘調査航空写真

二つの時期の石垣には共通点と相違点があります。共通点は、石材に石灰岩の自然石を使っている点です。その結果、他の城郭とやや趣を異にする白い石垣を見ることができます。麦島城跡は石垣そのものが真っ白な城郭です。

相違点は、石垣隅角部と石垣の傾斜です。小西時代の石垣のうち隅角部が一カ所だけ残されていましたが、算木積みではありませんでした。他方で、加藤時代の石垣の隅角部は欠損していたために詳細は不明ですが、熊本城の石垣のようにいわゆる「武者返し」のような反りを確認することができます。

また、小西時代の石垣の裏込めは丸礫石が使われていましたが、加藤時代の裏込めは石灰石の割石が使われています。こういった点にも小西時代と加藤時代の石垣の築き方、つくり方の違いが現れています。

さて、麦島城跡は地震のあとに廃城となり、石垣の隅角部を中心に破却されていました。特に加藤時代の石垣というのは、根石部分のみ残っている状況でした。また、小天守や本丸御殿の瓦を一カ所に集めて石垣の上に捨て重ねているような状況もうかがうことができます。こういった特徴が麦島城跡の石垣に認めることができます。

写真6が麦島城の小天守の写真を、西から東に向けて撮影したものです。先述したように、石灰岩の自然石、あるいは粗割石を用いてつくられています。麦島城跡の石垣の特徴の一つは、奥の高く残っている石垣と、手前の低く残っている石垣の二つが認められることですが、奥の高く残っている石垣が小西行長時代の石垣、手前の低く残っている石垣が加藤時代の石垣です。

加藤時代の石垣は、麦島城跡が地震で壊れた後、現在の八代城跡を築城する際の石材として持ち出されています。その結果、加藤時代の石垣はほぼ根石部分のみ残されたのです。

ところで、小西時代の石垣はなぜこんなに残っているのかと言うと、八代城跡の築城に際して加藤時代の石垣をどんどん外していったものの、裏側から改修前の石垣が出てきてしまったので、裏側から姿を現した小西時代の石垣を破却した、特に破城の特徴のひとつである石垣隅角部の破却が行われたと考えています。本来は高かった加藤時代の石垣は、八代城跡築城に伴いほぼ根石を残して外されてしまったが、裏側から小西時代の石垣が出てきたので隅角部分をV字型に破却したと考えています。

写真６　麦島城小天守

小西時代の石垣はほとんど加工していない粗割の石灰石、あるいは自然の石灰岩を丹念にていねいに積み上げて築かれていました。写真1は、天端がほとんど残っていなかったのですが、根石から現状の高さまで、およそ四メートル余り残っていました。石垣の勾配と石垣の根石から根石までの幅を基に、小西時代の石垣の本来の高さを想定すると、石垣は元来およそ七メートルぐらいあっただろ

う と考えられます。石垣上部の三メートルは八代城跡築城に際して破却されたのではないかと考えております。

さて、加藤氏は麦島城跡に改修を加え、堀を埋めてあらたな石垣を築きました。その結果小西時代と比較して麦島城跡は一回り大きくなりました。

写真7　麦島城小西時代の小天守石垣の角部分

さらに、石垣隅角部に焦点をあてて報告します。

ところで、麦島城跡に限らず、破城となった城郭の隅角部はほとんど残っていません。

しかし、麦島城は関ヶ原を境に城主が小西氏から加藤氏に代わった際に石垣の多くが埋められており、築城時の隅角部が残されている個所がありました。その一つが写真7の小天守の石垣の隅角部分です。石垣の角石にも石灰石の粗割石、あるいは自然石が使われており、算木積みではありません。

写真8の熊本城跡の大天守の石垣隅角部もまだ算木積みが完成していませんが、石垣自体はある程度規格化された石材で隅角部が構成されています。こ

れがいわゆる清正の「武者返し」と言われている石垣です。

麦島城跡の本丸御殿

次は本丸御殿について発掘調査の成果に基づいて説明をします。

本丸跡の石垣と同様に、小西時代の建物跡と加藤時代の建物と二種類あります。本丸御殿の礎石に使われている石材の大半は石灰岩の自然石です。石灰岩製の礎石は一間が六尺五寸、約一九七センチの等間隔で配置されていました。建物の周囲を溝がめぐっていて、溝の端が排水施設である石組遺構に接合していました。

本丸跡の建物のうち、ＳＢ２―２の礎石建物は桁行で四間以上、奥行きで一五間以上あり、一間約二メートルと換算すると、三〇メートル以上の建造物がそびえていました。建物の周囲を溝がめぐっていて、その溝の端は石組遺構と呼ばれる排水施設に接続されております。麦島城跡の立地する地域の標高は凡そ二メートルから四メートル

写真８　熊本城大天守の石垣（手前）

で、いまでも大雨になると冠水する箇所があります。麦島城跡では城内に降った雨を溝を介して一カ所に集めて地下に浸透させるという構造がとられていました。梅雨時の発掘調査においても、石組遺構だけは水が溜まらず、一時間もあれば完全に抜けてしまう。そういう浸透性の素晴らしい施設になっていました。

麦島城跡と国際情勢

次に、出土した遺物をとおして、麦島城跡と国際情勢を眺めてみます。図5は、朝鮮半島と対馬、そして九州の地図です。九州のほぼ中心に麦島城跡があります。

豊臣秀吉は全国を統一した後、明を攻めようと考え、小西行長の麦島城跡築城三年後にあたる一五九一年に、現在の佐賀県唐津市に肥前名護屋城跡を築城します。秀吉の軍勢は肥前名護屋城跡から直接朝鮮半島に渡ったのではなく、対馬を経由して朝鮮半島に攻め上がっていきました。

朝鮮半島の激戦地の一つが、東萊邑城址です。実は麦島城跡、対馬の金石城跡、東萊邑城址には、滴水瓦と李朝系軒丸瓦をとおして接点がありました。

先々週のシンポジウムでも少し話題が出たのでしょうか。中井均先生や加藤理文先生、木戸雅寿先生が滴水瓦の調査や研究をされておりますが、麦島城跡でも特徴的な滴水瓦が二種類出ております。

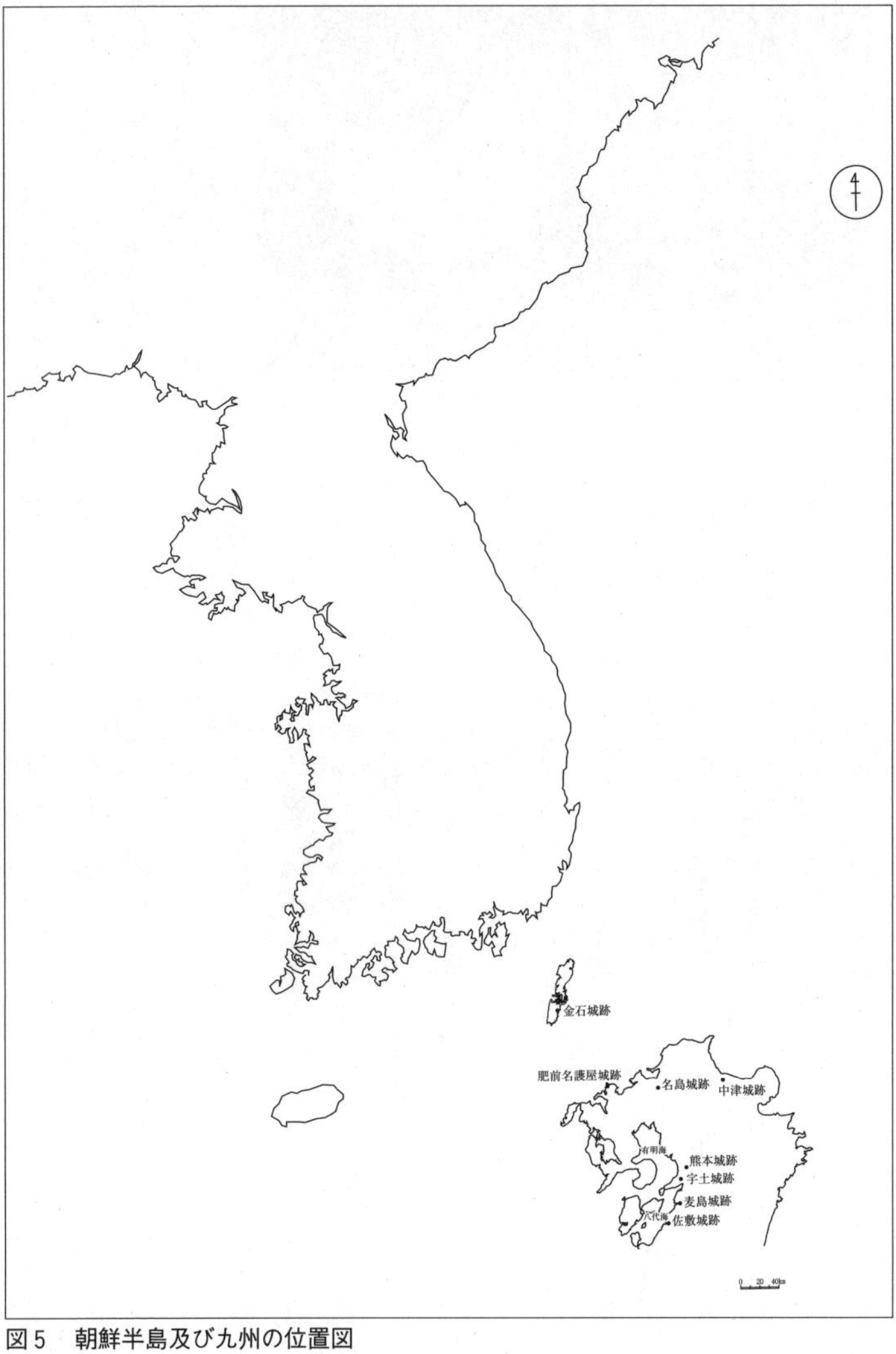

図５　朝鮮半島及び九州の位置図

一つが「萬暦十二年」の銘が書かれた滴水瓦（写真9・左）、二つ目が「隆慶二年　仲秋造」の銘が書かれた滴水瓦です（写真9・右）。萬暦十二年も隆慶二年も日本の元号ではなく、明と朝鮮半島で当時使われていた元号です。萬暦十二年は一五八四年、麦島城の築城四年前に、隆慶二年は一五六八年、麦島城築城の二〇年前に該当します。

写真9　麦島城小天守で見つかった滴水瓦

麦島城跡出土滴水瓦のうち、「隆慶二年　仲秋造」銘の滴水瓦は日本で最古の年号を持つ滴水瓦です。二番目に古い年号を持つのが「萬暦十二年」銘の滴水瓦です。麦島城跡の発掘調査では蓮華文の模様をあしらわれた滴水瓦も出土しました。こういった滴水瓦とセットとなる李朝系の蓮華文軒丸瓦と剣先文軒丸瓦も出土しました。

滴水瓦が出土した箇所は、麦島城跡の中でも限られており、小西時代と考えられる小天守の遺構に限定されます。小西時代の上層にある加藤時代に築かれたと思われる石垣では滴水瓦は一切出土せず、加藤氏の家紋である桔梗文軒丸瓦が出土します。このように、出土する瓦の相違等から小西時代の石垣と加藤時代の石垣の二種類の時期を判定することも可能です。

麦島城跡同様に、対馬の金石城跡においても滴水瓦と、それにセットになる李朝系軒丸瓦が出土しました。対馬の金石城跡で出土した剣先文軒丸瓦は麦島城跡から出土した李朝系剣先文軒丸瓦とで同じ范でつくられたものです。それぞれの瓦に共通の范傷が残されており、現地の対馬で麦島城跡出土瓦と金石城跡出土瓦を照合すると間違いなく同じ型でつくったものであるということが確認できました。

実は、韓国釜山市の東萊邑城址において同じ剣先文軒丸瓦が出土しており、同じような范の傷を確認することができます。つまり、この三つの軒丸瓦はもともと同じ場所でつくられたもので、韓国の東萊邑城址、対馬の金石城跡、熊本の麦島城跡の三つの城郭で出土したのです。

他にも東萊邑城址では、「隆慶二年　仲秋造」銘の滴水瓦が出土していました。麦島城跡で出土した「隆慶二年　仲秋造」銘の滴水瓦と同じ箇所に同じ范傷が残っています。したがって、麦島城跡で出土した滴水瓦は元来東萊邑城址にあったものです。

併せて東萊邑城址では、対馬の金石城跡で出土した蓮華文滴水瓦と同范の滴水瓦も出土していました。

つまり、もともと豊臣秀吉の朝鮮攻めの際に、朝鮮半島の釜山の東萊邑城址で使われていた「隆慶二年　仲秋造」銘の滴水瓦、蓮華文滴水瓦が、朝鮮攻めに参戦した大名の一人である小西行長が築いた麦島城跡、そして金石城跡にもたらされたのです。当然、「萬暦十二年」銘滴水瓦も朝鮮半島から持ち帰ってきたものです。

余談ですが、麦島城跡を築いた小西行長と当時の対馬の金石城跡の城主であった宗義智は、行長の娘マリアを通して義理の親子関係にあたります。朝鮮攻めの際にも両者は同じ第一軍ですので、同じタイプの瓦、同じ同笵関係にある瓦が麦島城跡と対馬の金石城跡で出土することは、ある意味必然的であるかもしれません。

このように滴水瓦を介して麦島城跡、対馬の金石城跡、そして韓国釜山の東萊邑城址といった三つの城郭の関係、朝鮮攻めにおける三つの城郭が果たした歴史的な役割というものを推測していくことが可能です。

麦島城跡で見つかった建築部材

次に麦島城跡で見つかった建築部材について報告します。

建築部材は二ノ丸の平櫓の建築部材であり、屋根材、壁材、あるいは突上戸といった扉等、平櫓を完全に復元できる質と量の建築部材がそろっていました。出土した太鼓壁の柱の間隔は六尺五寸であり、本丸跡で検出された建物の礎石の間隔と合致します。また、鉄砲の弾の貫通を防ぐ太鼓壁の構造を発掘調査で初めて確認することもできました。併せて、ほぼ完全な状態の突上戸が、この発掘調査によって出土しました。

建築部材は、麦島城二ノ丸跡の東側にあたる外堀の堀底から出土しました。出土範囲は調査区が限定されるため、南北方向で約一二メートル、東西方向、狭いところで約四メートル、広いところで七メートル程度ありました。

写真10　麦島城跡出土建築部材（八代市教育委員会提供）

発掘作業員の皆さんと一緒に撮影した写真を見て頂くと、建築部材の出土した規模が分かります。

建築部材はおおまかにわけて、上層部分、中層部分、下層部分の三面にわかれていました。上層部分では反転した屋根の下地や垂木、瓦類が、中層部分では屋根の垂木や太鼓壁、窓枠等が、下層部分には太鼓壁や突上戸、下見板張り等が出土しました。私達は、出土した建築部材を一点一点図化し、写真を撮り、しかも乾燥して破損しないように細心の注意を払いながら、一点一点取り上げて下に掘り下げていく作業を行いました。

上に位置する部材をどんどん外していきますと、下方から平櫓の倒壊状況が分かる建築部材が出土しました。平櫓外面が堀底側を向いた状態、つまり発掘調査の段階では、私達は平櫓内側の状況を見ることとなりました。出土した平櫓の壁は、柱、間柱、柱があって、それぞれを二本の貫で接合している構造でした。その両側から竹を二枚一組で縄で編んで小舞を組んで大壁とし、つまり柱が見えないように内外面とも塗り込まれた壁の構造をしていました。

なお、出土した建築部材は、平櫓の下方部分がほとんど残っておらず、実際の高さは不明でした。建築史学的な調査の観点から、出土した平櫓はおそらく二ノ丸の一番東側のほうですから、二階建てではなく平櫓であろうと復元されました。間柱を挟んで柱から次の柱までの間隔は約一九七センチ、六尺五寸であり、本丸御殿の礎石建物の間隔と一致しました。

興味深いのは、見えないところはあまり加工や細工をしていないのですね。間柱は木の丸太をそのまま加工せずに使用していました。ところが、見える可能性がある部分、柱や隅柱、貫といったものは丁寧に加工されていました。この時代というのは、まだ台鉋がなく、出土した建築部材の表面を見るとハマグリのような痕跡が残されていました。つまり、槍鉋で部材表面の加工をしていたのです。

竹小舞の中には石や瓦の破片が見えますが、これは上層の礫層から混じったものではなく、元来小舞の中に埋め詰込まれていた石や瓦です。

太鼓壁等の城郭の壁にまつわる伝承として、銃弾や大砲の弾の貫通を防ぐために壁の中に石や瓦を詰めたというものがあります。しかし、本当に壁の中に瓦の破片や石が詰込まれているのか調査することは困難です。例えば姫路城の解体修理復元でもおこなわない限り、壁の断面を見るというのはほとんど不可能なのです。もっとも、現在は非破壊検査、透過調査、保存科学技術が発展していますので、ある程度の金額を負担すれば可能ではあります。

熊本城跡で現存する建造物の一つに宇土櫓があります。しかし、壁の構造を調べるためだけに、国の重要文化財である宇土櫓の壁の断面を切ってみることは困難です。しかし、麦島城跡で出土した平櫓の建築部材を調べることによって、当時の城郭建造物の具体的な構造、工法といったものを、まさに実物を介して実見することができます。

現在、熊本県では熊本城跡の本丸御殿の復元が行われています。本丸御殿の復元に先立ち飯田丸五階櫓の復元がなされましたが、麦島城跡の発掘調査で平櫓の建築部材が出土した際には、熊本城跡の発掘調査を担当されている方や、飯田丸五階櫓の復元、施工を担当されている方等、数多くの建築史学、建築学の専門の方が視察に訪れました。

つまり、熊本城跡飯田丸五階櫓等の復元を行っている最中に、麦島城跡の発掘調査現場から、元和五年（一五八七）を下限とする設計図以上の本物が出てきた。しかも、改修を受けた可能性は慶長五年（一六〇〇）の関ヶ原の戦い以後の加藤氏の時期に比定されます。同様に、建築部材のみならず、麦島城跡の調査で出土した石垣、本丸御殿跡の礎石等は築城当時の織豊系城郭の姿をいまに伝える、まさに生きた設計図なのです。

これまで城郭で実施された発掘調査では石垣や礎石、溝跡等の遺構を検出することはできましたが、当時の城郭建造物が出土した例はありません。城郭調査以外に目を向けても、奈良県の明日香村の山田寺跡・東回廊の建築部材がありますが、麦島城跡で出土した建築部材はそれ以来の発見であり、具体的に当時の城郭建築物を解明しうる資料の一つです。ちなみに、山田寺跡の建築部材の出土状況は、私が中学か高校のころの教科書に掲載されていた記憶があります。

ここで、皆さんの中には、松本城の天守等いわゆる一二の城郭の天守が残っているので、麦島城跡から出土した平櫓の建築部材の意義について疑問を呈する方もいるかと思います。しかしながら、城郭というのは、建物も含めて、改修、更新、修理がなされていくものであり、築城時までさかのぼってオリジナルのパーツ、部材が残されている城郭というのは、そう多くはないと考えられます。対して、麦島城跡の発掘調査で得られたデータは、少なくとも一六一九年以前の石垣や建築部材等が、ありのままの姿で地面の中に保存されているという意味で、非常に意義があります。

つまり、設計図がなくても、古絵図がなくても、写真がなくても、出土した遺構・遺物を調査すれば、四〇〇年前の築城時の姿をほぼ解明することができる、それが麦島城跡の発掘調査の最大の成果です。

さて、発掘された建築部材には櫓内側から外側に押し上げる窓・突上戸（写真10）も出土しました。熊本城跡復元天守の窓はほとんど突上戸です。麦島城跡から出土した突上戸は長さ約一メートルぐらい、厚さはわずか三センチの薄さでした。このまま取り上げると扉自体の重さで壊れてしまうので、堀底とともに発泡ウレタンで補強・固定した後、切り取って六キロ離れた場所まで運びました。

取り上げた建築部材は総数でおおよそ二七〇点ほどありますが、平成十五年度から保存処理を行っています。

このように、麦島城跡の発掘調査では平櫓の意匠に係る部材である突上戸といった部材から、構造に係る部材である竹小舞、柱、貫といった部材群が出土したため、平櫓全体を復元しうる材料が揃っているのです。

さて、麦島城跡の歴史を振り返ってみると、城は一六一九年に地震で壊れたという記録が八代地方に残されています。しかし、実際に麦島城跡が地震で倒壊したか、一次資料による文献史学的な裏付け、あるいは発掘調査による確認・検証ということは行われていませんでした。今回の発掘調査で出土した建築部材は地震倒壊説を裏付ける資料に成り得る可能性を秘めたものです。出土した貫の破断面が斜めに切れていました。当時の八代市教育委員会文化課長は建築史を専攻した研究者でありましたので見ていただいたところ、横揺れで発生する剪断破壊だろうということでした。したがって、この貫の破断状況だけ見ると、たしかに一六一九年の三月に平櫓が壊れるような地震があり、麦島城廃城の契機になったというのはなんとなく推測はできるところであります。

ただし、地震による倒壊は現状でも推測の域を出ることはありません。全ての建築部材の保存処理が完全に終わったあとに、もし私が担当していれば直接自分の目で、手で、耳で調べてみようと思っています。建築部材は麦島城跡が地震で倒壊したのかを解明するひとつの手掛かりになるのは間違いない資料です。文献資料では解明しづらい、あるいは縄張調査では把握しづらい城郭の細かな構造、あるいはほんとうに地震で倒壊したのかどうか、具体的な破却や廃城の状況といったものが、実際に城跡を面的に発掘調査することで解明することが可能です。

さて、建築部材の調査成果を基に復元したのが、平櫓の復元立面図（図6）です。壁は漆喰の白壁ですが、壁の下方は発掘調査で下見板張が出土したので、下見板張になっています。窓には突上戸があり、出土した銃眼・鉄砲狭間も復元し、壁に配置しています。屋根には瓦が葺かれており、発掘調査で出土した鯱も乗せています。

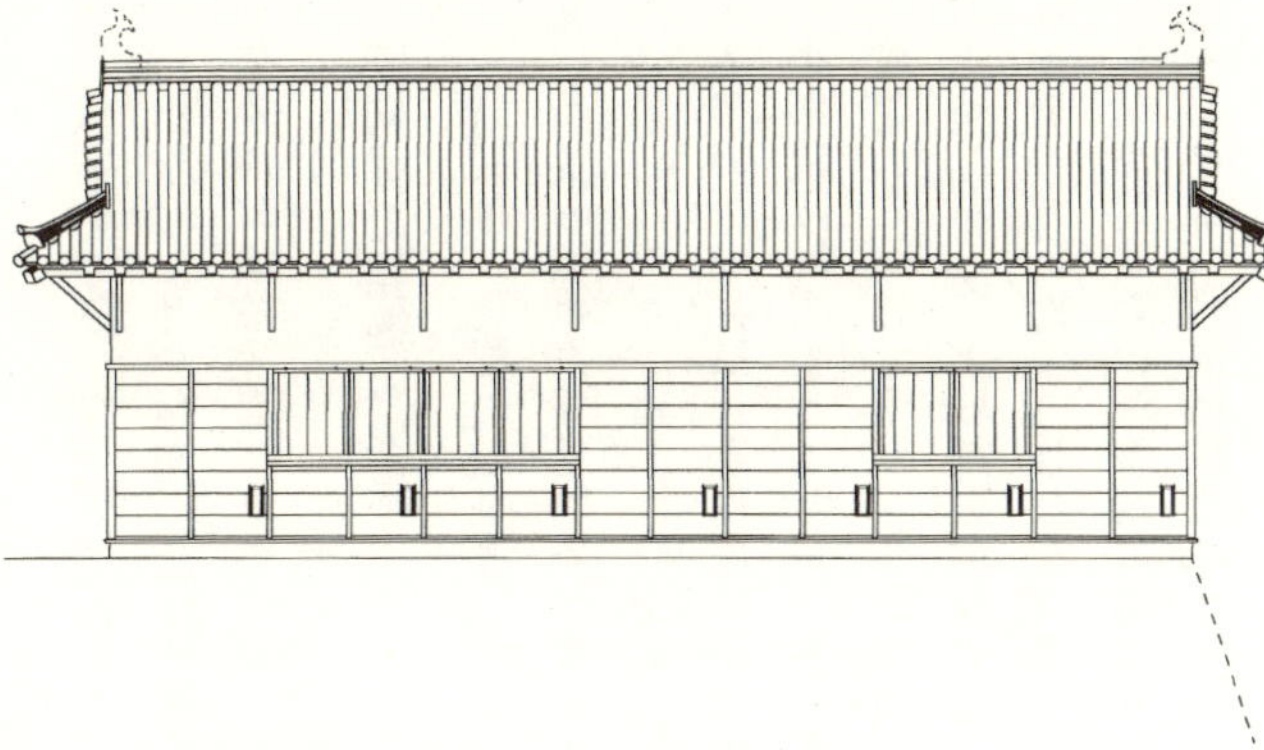

図６　平櫓復元立面図

余談ですが、現在特別展のほうで金箔瓦の展示がされていますが、その中に麦島城跡も含まれています。

実は、麦島城跡のうち、小天守と推定される箇所の石垣では金箔を貼った鯱の破片が出土しました。麦島城跡では、現在まで小天守でのみ金箔瓦が出土しており、他の箇所では出土していません。

麦島城跡の天守については平成十五年度に一部現況確認調査を実施しましたが、屋根の構造等については確認できていません。もっとも、金箔瓦の使用については、麦島城跡においても天守と小天守に限定されると推測しています。先ほど紹介した滴水瓦も小天守でのみ出土しています。

したがって、麦島城跡の発掘調査をとおして金箔瓦の具体的な使用個所、部位、滴水瓦の使用個所について想定、復元することが可能であろうと考えています。

どうしてこんなことが可能になるかというと、他の城郭における発掘調査と異なり、麦島城跡の発掘調査は東から西にかけて城郭の中を貫通する大きな溝を設定したような発掘調査であったためです。麦島城跡のように城郭を横断するように面的な発掘調査をおこなっている例はあまりありません。出土した瓦の種類、出土位置、土層等のデータを解析することで、城郭における瓦の編年、使用場所による差異、あるいは、瓦そのものの目的といったものを推測できます。

麦島城の発掘の成果

麦島城跡の発掘の成果ということでまとめてみましょう。成果の一つは、麦島城跡をとおして九州最古の織豊系城郭の姿が具体的にわかるということです。しかも、石垣や礎石、建物といった普請だけでなく、建築部材や瓦の種類・編年をとおして作事面も具体的に知ることができます。

成果の二つ目は、麦島城跡がわずか三〇余年の存続であり、改修が一回しかないため、築城時の姿をほぼ解明することができるという城郭であるということです。

成果の三つ目ですが、これまで小西行長がどのような城郭を築いたのか不明でした。小西行長の本城である宇土城跡も加藤清正に改修されており、行長が築いた遺構の上に加藤時代の宇土城跡が乗っています。したがって、小西時代の遺構を調査することは困難です。また、小西行長は肥前名護屋城等の城普請に携わっていますが、それは割普請ですから限定的な面しか見ることができません。彼が具体的にどういう方法で城郭をつくったかというのを知り得ることができるのは、実は現在のところ麦島城跡のみといっても過言ではありません。ですから、麦島城跡の調査を介して、小西行長の築城方法、城郭政策と換言することも可能ですが、築城方法や城郭構造を解明することができます。

一方、考古学的に言いますと、考古学では珍しく、絶対年代がわかる資料であります。つまり、地震倒壊説が正しいとすれば、一六一九年、元和五年より新しくなる可能性はほぼ否定されます。換言すると、麦島城跡は、元和五年、一六一九年以前の城郭の姿を具体的に見ることができる資料です。

大坂城を例にすると、豊臣時代の大坂城の全容を知ることは困難な面があります。徳川時代の大坂城すら発掘調査で全容を見るということは困難です。それ以外の城郭についても築城から明治維新にかけてまで、何度も改修、修復、設計変更等がおこなわれており、築城時の姿、あるいは特定の時期の具体的な遺構を見るということは困難です。

そういった意味でも、ほぼ年代を把握することが可能である麦島城跡の遺構や建築部材は非常に貴重な資料です。したがって、城郭の築城から加藤時代の改修、そして八代城跡への移転、廃城までの過程が、発掘調査によって層位学的に確認することができるのが麦島城跡です。

これは余談ですが、滴水瓦といったものをとおして、当時の国際情勢、あるいは交流といったものを解明する手掛かりの一つになる城郭ではないかと考えております。

以上、つたない報告になりましたが、麦島城跡にもわからないことがまだまだ多くあります。発掘調査したのは八千平方メートルに満たない範囲で、城郭全体からすると二〇％にも満たない面積です。

　しかし、幸いなことに城郭を西から東に貫通するかたちで面的に調査をすることができ、調査区が小天守や本丸御殿跡に該当する範囲を含んでいたこと、極めて稀な奇跡的な出土であるといっても過言ではない平櫓の建築部材の出土に恵まれたこと、これらは他の城郭では調査できない部分について調査することができました。

　八代市では、今回私が報告をした麦島城跡を含めて古麓、麦島、八代の三つの城郭と関連遺跡群を国指定史跡にしようと考えています。古麓城跡と八代城跡は現地に行くと実際の遺構を見ることができますが、麦島城跡の遺構を見ることはできません。今回報告した調査は元来都市計画道路建設に伴う記録保存を前提とした発掘調査であり、発掘調査後に道路を建設しました。ただし、調査の途中から方針転換をし、発掘調査で出土した石垣や礎石建物跡を地中に保存したまま、都市計画道路を建設しました。道路を嵩上げして遺構を全部埋め戻して、その上に道路が造られたのです。

　現地を訪れると道路となっていますが、その道路を歩いてみると本丸跡部分は一段高くなっています。この下に礎石建物や石垣が埋まっているんやなあと、実感できます。

　最後に、今回麦島城跡の発掘調査について発表させていただく機会を設けていただいた安土城考古博物館のみなさま方と、お忙しいなかお越しいただきましたみなさまに、深く感謝申しあげます。皆様方の地元で、熊本県には、九州には麦島城跡というすごい城郭があるとひとこと話をしていただければ幸いです。

なお、各都道府県立図書館や教育委員会に発掘調査報告書を納めていますので、今回報告した内容についてさらに詳細に知ることができます。また、個人の方が麦島城のホームページをつくっているようです。

つたない発表になりましたが、最後までお話を聞いていただきまして、たいへんありがとうございました。これで私の報告は終了させていただきたいと思います。

■執筆者紹介

中井　均（なかい　ひとし）

一九五五（昭和三〇）年生まれ
龍谷大学文学部史学科卒業
現在、米原市教育委員会文化スポーツ振興課課長

著書・論文

『近江の城』サンライズ出版　一九九七
『彦根城を極める』サンライズ出版　二〇〇七

乗岡　実（のりおか　みのる）

一九五八（昭和三三）年生まれ
岡山大学大学院文学研究科（史学・考古学）修了
現在、岡山市デジタルミュージアム博物館副専門監

著書・論文

「岡山城の石垣について」（『織豊城郭』第5号　織豊期城郭研究会　一九九八）
『史跡岡山城跡本丸下の段発掘調査報告』岡山県教育委員会　二〇〇一

加藤　理文（かとう　まさふみ）

一九五八（昭和三三）年生まれ
駒澤大学文学部歴史学科卒業
現在、磐田第一中学校教諭

著書・論文

「瓦の普及と天守の出現」（『戦国時代の考古学』高志書院　二〇〇三）
「金箔瓦使用城郭からみた信長・秀吉の城郭政策」（『織豊城郭』第2号　織豊期城郭研究会　一九九五）

木戸　雅寿（きど　まさゆき）

一九五八（昭和三三）年生まれ
奈良大学文学部史学科卒業
現在、財団法人滋賀県文化財保護協会調査整理課課長

著書・論文

『よみがえる安土城』（歴史文化ライブラリー167）吉川弘文館　二〇〇三
『天下布武の城　安土城』（シリーズ「遺跡を学ぶ」002）新泉社　二〇〇四

宮里　学（みやざと　まなぶ）

一九六九（昭和四四）年生まれ
帝京大学文学部史学科卒業
現在、山梨県教育委員会埋蔵文化財センター主任文化財主事

著書・論文

『よみがえる日本の城』11　学習研究社（分担執筆）二〇〇四

「野面積み石垣石材の破損原因と対処方法」（『山梨県考古学協会誌』第14号　山梨県考古学協会　二〇〇三）

山内　淳司（やまうち　あつし）

一九七一（昭和四七）年生まれ

熊本大学大学院教育学研究科教科教育専攻社会科教育専修修了

現在、八代市教育委員会文化課主事

著書・論文

『麦島城跡―都市計画道路建設に伴う発掘調査―』（八代市文化財調査報告書第30集　二〇〇六）

「城郭の改修、移転と廃城・破却―肥後麦島城跡の調査を中心に―」（『織豊城郭』第11号　織豊期城郭研究会　二〇〇四）

信長の城・秀吉の城

2007年３月25日　初版第１刷発行

編　集　滋賀県立安土城考古博物館
発　行　滋賀県立安土城考古博物館
滋賀県蒲生郡安土町下豊浦6678
TEL0748-46-2424　〒521-1311
制作・発売　サンライズ出版株式会社
滋賀県彦根市鳥居本町655-1
TEL0749-22-0627　〒522-0004

ISBN978-4-88325-322-7　C0021